Introduction to Blackstone's
Legal Thought

布莱克斯通法律思想引论

仝宗锦◎著

中国政法大学出版社

2025·北京

图书在版编目（CIP）数据

布莱克斯通法律思想引论 / 仝宗锦著. -- 北京 ：

中国政法大学出版社，2025. 7. -- ISBN 978-7-5764

-2236-8

Ⅰ. D909.561

中国国家版本馆 CIP 数据核字第 20254BG866 号

出 版 者	中国政法大学出版社
地　　址	北京市海淀区西土城路 25 号
邮寄地址	北京 100088 信箱 8034 分箱　邮编 100088
网　　址	http://www.cuplpress.com (网络实名：中国政法大学出版社)
电　　话	010-58908586(编辑部) 58908334(邮购部)
编辑邮箱	zhengfadch@126.com
承　　印	固安华明印业有限公司
开　　本	880mm×1230mm　1/32
印　　张	6.5
字　　数	180 千字
版　　次	2025 年 7 月第 1 版
印　　次	2025 年 7 月第 1 次印刷
定　　价	49.00 元

前　言

　　威廉·布莱克斯通爵士的《英格兰法释义》也许是法律史领域关于英国法最有影响力的著作。然而，长期以来，其在国内并未得到应有的重视和研究。本书试图在对布莱克斯通的问题意识进行考察的基础上，集中讨论布莱克斯通对英格兰法所做的体系化努力，并试图将这种体系化努力置于整个普通法传统乃至一般法律哲学的背景之中，从而最终廓清布莱克斯通在普通法传统和法律思想史中的位置。

　　本书的导论部分主要讨论布莱克斯通及其《英格兰法释义》的重要性、对布莱克斯通研究的简要综述以及本书的研究进路和结构安排。

　　第一章主要讨论布莱克斯通的生平、著作，《英格兰法释义》在读者中的巨大影响及其原因。这是对布莱克斯通本人以及《英格兰法释义》的一般性介绍。

　　第二章主要讨论布莱克斯通的问题意识。首先分别讨论英格兰律师会馆和大学两种法律教育模式的历史背景和一般情形，这是布莱克斯通问题意识形成的历史背景；其次讨论布莱克斯通时代法律教育的具体情形，这是布莱克斯通问题意识的直接来源；最后讨论布莱克斯通面临的困难和试图达到的目标以及在逻辑和历史层面克服困难的可能。

第三章主要讨论布莱克斯通对《英格兰法释义》结构方面所做的体系化努力。本章首先介绍了《英格兰法释义》的篇章结构安排；其次对这种结构来源进行了某种"知识考古学"的考察，阐述了从查士丁尼到黑尔等一些法律学家对于布莱克斯通《英格兰法释义》结构可能的影响；最后讨论了布莱克斯通《英格兰法释义》结构与此前著作结构的承继关系。

第四章主要讨论布莱克斯通对《英格兰法释义》内容所做的体系化努力的一般逻辑。本章首先讨论了《英格兰法释义》内容体系化一般逻辑中的两个问题，也即《英格兰法释义》中自然法观念与法律实证主义观念之间的紧张关系，以及在逻辑与历史之间的紧张关系。然后在此基础上通过将布莱克斯通的内在逻辑与罗马法思维模式、柯克的理性概念以及边沁的理性概念进行比较来阐明布莱克斯通的理性概念，从而将布莱克斯通与普通法传统乃至整个法律传统联系起来。

最后一个部分是结语，这一部分对全书进行总结，回答布莱克斯通是否实现了将英格兰法体系化甚至科学化的目标，并在此基础上简要讨论"普通法法律科学是否可能"的一般问题，从而进一步将布莱克斯通与一般法律哲学的基本问题联系起来，并最终试图廓清布莱克斯通在法律思想史谱系中的位置。

目　录

导　论
研究布莱克斯通及其《英格兰法释义》的
原因和进路

一、研究布莱克斯通及其《释义》的重要意义

威廉·布莱克斯通爵士（Sir William Blackstone，1723 年——1780 年）的《英格兰法释义》（*Commentaries on the Laws of England*）（以下中文简称《释义》，英文简称 *Comm.*）也许是法律史领域关于英国法最有影响的著作之一。然而，时至今日，即便是在英美国家，也只有很少的研究者读过它，而这些读过它的人常常也只是关心被边沁批评过的《释义》的导论部分。[1]的确，这部著作篇幅很长，足以令人望而生畏（共 4 卷 2000 页左右）。而且，更重要的是，布莱克斯通这部著作是针对当时英格兰法律教育和法律制度所作的阐述，对今天英美国家的律师们来说已经失去了现实的教育功能；而对于一般的历史学家来说，倘若

---

[1]　See Rupert Cross, "Blackstone v. Bentham", *The Law Quarterly Review*, 92, 1976, p. 516; S. F. C. Milsom, "The Nature of Blackstone's Achievement", *Studies in the History of the Common Law*, The Hambledon Press, 1985, p. 194.

没有专门的法律知识背景，这部书多少又显得有些艰难。因而，《释义》在英美法律国家的这种阅读状况并不令人奇怪。实际上，绝大多数经典作品的命运常常也只是被人们提及多于读过。

然而，在当下的中国，阅读和讨论这部著作却并非卡尔维诺意义上的所谓"重读经典"。[1]实际情况是，有关的介绍、讨论和研究基本上是空白的。就笔者所见，[2]除了个别著作中零星提了一点内容，直接的介绍只有何勤华教授发表在《法律科学》上的一篇文章和在《西方法学史》中的几页内容，[3]以及张彩凤教授在《英国法治研究》中的几页内容。[4]这两位作者的论述不仅篇幅短小，而且也仅限于简单的一般性介绍。[5]

---

〔1〕 参见［意］伊塔洛·卡尔维诺：《为什么读经典》，黄灿然、李桂蜜译，译林出版社2006年版。

〔2〕 这一判断除了基于笔者的阅读范围之外，主要还是基于中国知网数据库和毕竟悦整理的《英美法研究汉语文献》，具体可见北大法律信息网（www.chinalawinfo.com）。

〔3〕 参见何勤华：《布莱克斯通与英美法律文化近代化》，载《法律科学（西北政法大学学报）》1996年第6期；何勤华：《西方法学史》（第2版），中国政法大学出版社1996年版，第301~306页。这两篇文章篇幅很短，而且并没有直接引用布莱克斯通的《释义》一书。

〔4〕 参见张彩凤：《英国法治研究》，中国人民公安大学出版社2001年版，第110~114页。

〔5〕 本书大致上是以笔者2004年的博士学位论文为基础校订而成的。2004年以来，特别是2006年《释义》的中文版译著出版以来，国内又出现了一些关于布莱克斯通的论文，如李杰赓、王铁雄、韩慧、马翠萍、杨福林、谌洪果等人的研究。不过，总体而言，国内关于布莱克斯通的研究仍显单薄，为留存反映当日研究实际状况之意，本书在校订过程中并未对文献综述部分的措辞进行相应的修改。《释义》中文版译著可参见［英］威廉·布莱克斯通：《英国法释义》，游云庭、缪苗译，上海人民出版社2006年版。关于这几篇论文的具体情况，参见李杰赓：《布莱克斯通法律思想研究——以法律稳定性与变动性关系为视角》，吉林大学2010年博士学位论文；王铁雄：《布莱克斯通与美国财产法个人绝对财产权观》，载《比较法研究》2009年第4期；韩慧：《论威廉·布莱克斯通对英国法律教育的贡献》，载《山东师范大学学报（人文社会科学版）》2008年第1期；马翠萍：《布莱克斯通的宪政思想探析——以〈英国

不仅如此，事实上在更为一般的英国法研究方面，我们的情况也远远不能令人满意。李红海博士在其著作中大致总结了中国的英国法研究情况，并说这是"一个沉重的话题"。事实上，正如他总结的那样，国内有关英国法的著述的确极为有限。[1]

因此，对于中国的英国法研究，甚至更为一般的法学研究和法治建设而言，正如有的学者所指出的那样，或许"我们第一重要的任务就是学习，学习外国"。[2]

于是，在这样的背景下，讨论布莱克斯通的《释义》便具有了某种特别的意义。不过，我们并不能仅仅以国内研究的空白作为这种讨论的主要理由甚至唯一理由。因为从逻辑上可以这样质疑：既然空白如此之多，那为什么单单选择了布莱克斯通而非其他的空白领域进行学习、讨论和研究呢？我们也不能仅仅以个人的喜好作为讨论的理由，虽然任何研究都常常和作者的性格、气质、背景等个人因素密切相关，但归根结底，论题的研究价值并不取决于个人的主观喜好。因此，我们需要对论题的意义进行更为深入的说明。

就研习普通法的路径而言，李红海首先列举了这样两种方式：

（接上页）法释义》第一卷为切入点》，西南政法大学 2008 年硕士学位论文；杨福林：《理性·自由·权利——布莱克斯通法律思想研究》，西南政法大学 2016 年博士学位论文；谌洪果：《变革之难：谁之利益？何种正当性？——边沁对布莱克斯通的批判述评》，载《中国法律评论》2014 年第 2 期。

〔1〕参见李红海：《普通法的历史解读——从梅特兰开始》，清华大学出版社 2003 年版，第 9~12 页。

〔2〕参见贺卫方：《建构法治中国需要开放心态？》，载《新闻周刊》2003 年第 28 期。其他学科也有学者发出过类似的呼吁。参见梁小民：《重要的还是学习》，载《读书》1995 年第 7 期。

其一是从现代部门法的角度来研究；其二是从具体判例着手进行研究。然后，他认为这两者各自存在弊端和问题，归根结底在于倘若缺乏对相关历史知识的了解，研习将变得无所适从，从而认为"普通法需要历史地进行解读"。[1]李红海得出的"普通法需要历史地进行解读"的结论是非常正确的，但在论证中似乎存在着一些逻辑问题。因为，无论是从部门法入手还是从判例入手，都与"历史地解读"并非一个层面的问题。"历史地解读"是一种方法论视角，与之相对的应该是"逻辑地解读"。倘若从部门法或判例入手，而同时又着眼于历史的视角考察相关的背景，这无疑也是一种可行的研习路径。当然，李红海之所以这样论证主要是为了给自己的著作主题"从梅特兰开始"寻求坚实的基础。我们看到，研习法律史著作特别是经典的英国法律史专著（比如梅特兰的著作）当然是一种"历史视角的学习和研究"，但反过来说，"历史地解读"却绝非仅仅只有通过英国法律史著作才可以实现。归根结底，"历史地解读"是一个研习的方法论问题，而部门法、判例或是法律史著作则属于研习的材料问题。

就研习的材料来看，布莱克斯通的《释义》无疑是最适合的著作之一。我们知道，一般认为，英国法律史上一共有5部经典的法律著述：《格兰维尔》、布拉克顿的《论英国的法律与习惯》、利特尔顿的《土地保有法论》、柯克的《英国法概要》

---

〔1〕 参见李红海：《普通法的历史解读——从梅特兰开始》，清华大学出版社2003年版，第7页以下。需要说明的是，笔者指出李红海博士在此处论证逻辑上的瑕疵并不意味着批评他的整部著作。事实上，在笔者看来，李红海博士这部著作乃是迄今为止国内英国法研究中最为出色的著作之一。

和布莱克斯通的《释义》。[1]《释义》不仅是最后一部全面系统阐述英国法的经典著述，而且它最初就是讲给牛津大学的外行人的，因此其结构和内容阐释都充分适应了初学者的特点。除此之外，《释义》还具有其他一些适合我们研究的特点：

第一，《释义》的风格。早在这部著作出现之时，吉本就评价道："它是一部理性的英国法学体系，运用了自然的方法，并将那些迂腐学究、含混模糊、多余冗杂的气息一扫而光。"曼斯菲尔德勋爵认为这部著作的风格"令人愉悦且清晰晓畅"。[2]波斯纳认为《释义》除了具有"明晰和精确"这个最明显的优点外，还"把两种法律著述的风格融合起来了：一是孟德斯鸠的《论法的精神》，这本书分析了从抽象层面考察的法律的社会功能，只是顺带提及了任何实在的法律制度。另一种是，以布拉克顿关于英国法律的专著或波特尔（Pothier）关于民法的专著为例证，描述一个社会的实际法律"。[3]

第二，《释义》高超的语言技巧。正如戴雪所说的那样："他知道何时应该简略，何时应该详述，他知道自己的身份是一个法学教师，而非立法的改革者，教义论者，或法律文物的收藏者。他晓得一个教师最重要的目标就在于唤起学生智力上的

---

〔1〕　参见由嵘主编：《外国法制史》，北京大学出版社1992年版，第480~484页；［英］R. J. 沃克：《英国法渊源》，夏勇、夏道虎译，西南政法学院法制史教研室、科研处编译室1984年版，第190~195页；［日］高柳贤三：《英美法源理论》，杨磊、黎晓译，林向荣校，西南政法学院法制史教研室、科研处编译室1983年版，第67~73页。

〔2〕　See William Holdsworth, *A History of English Law*, Vol. XII, London ：Sweet and Maxwell, 1938, p.724.

〔3〕　参见［美］理查德・A. 波斯纳：《正义/司法的经济学》，苏力译，中国政法大学出版社2002年版，第14~15页。

兴趣。于是，他选取了一些一下子就让人觉得有趣和重要的主题，并且吸引了一代又一代的读者。"[1]边沁这样评价布莱克斯通的语言："总之，在所有讲授法理学而又是法律制度评论者的作家中，他是第一个用学者和绅士的语言来谈法理学的人。他使这门文句艰涩生硬难读的科学得到了润饰，为它洗清了官府里的尘埃和蛛网。即使他没有用那些只能从科学宝库中获得的精密的思想来充实法律，至少也是从古典学术的梳妆台上拿了许多化妆品，把法律打扮得非常漂亮。他用许多引喻和隐喻使法律生色不少，然后再把她送到五花八门，甚至是最爱挑剔的社会人士中去；一方面是为了启迪他们，而更重要的却是给他们娱乐。"[2]

第三，尽管《释义》并非一本英国法律史著作，而是一部关于布莱克斯通时代的法律的评述，但事实上，他依然对到他为止的英国法律史做了出色的研究。在这本书的导论中，他强调了法律史学习的重要意义，[3]而在全书关于具体制度的阐释中，他依然运用了历史的研究方法。布莱克斯通认识到，英国法本来就是历史的产物，其中的许多成分只有通过历史的方法才能够得到理解。

第四，《释义》是对布莱克斯通时代英国法律非常准确的概括和说明，不仅仅限于一般的介绍，而是对英国法进行了通盘深入、细致的阐释，在布莱克斯通之前，这种完备性是极为少见的，甚至放在整个世界法律史的视野中也是如此。这种完备性不

---

〔1〕　See William Holdsworth, *A History of English Law*, Vol. XⅡ, p. 724.

〔2〕　参见 ［英］边沁：《政府片论》，沈叔平等译，商务印书馆 1995 年版，第113 页。

〔3〕　See *Comm.*, Vol. 1, the introduction.

仅使读者仅仅手捧一部著作即可获得整个英国法的大致内容，而且对于英国法律的未来产生了一定的影响：这在某种意义上使得对英国法律进行一次总体上的法律编纂变得没有必要。[1]

第五，布莱克斯通之所以重要，并不仅仅在于上面所说的《释义》本身的风格、语言以及对英国法律制度的杰出阐释等方面，更是在于他通过《释义》对普通法法律制度的现代化所做的重要贡献。用马克斯·韦伯的理论来说，在使一种存在于18世纪却仍具有明显的中世纪特征的法律系统的近代化进程中，布莱克斯通的《释义》成了极其重要的第一步。[2]

第六，布莱克斯通的重要性还在于他在法律思想史谱系中的重要位置，就普通法传统而言，以他为代表的理性概念与以柯克为代表的理性概念构成了普通法传统中的"两种理性概念"。而这两种理性概念的互相补充则在理论上为形成一种更为完善的普通法"科学"创造了条件。[3]就更为一般的法律哲学而言，布莱克斯通乃是英国法律哲学中的"两面神"（Janus），[4]处于连接自然法学说和法律实证主义学说的枢纽地位，同时开启了英国现代法律哲学。[5]

---

〔1〕　See William Holdsworth, *A History of English Law*, Vol. XII, p. 726.

〔2〕　参见［美］卡尔文·伍达德、张志铭：《威廉·布莱克斯通与英美法理学》，载《南京大学法律评论》1996年第2期；［美］肯尼思·W. 汤普森编：《宪法的政治理论》，张志铭译，生活·读书·新知三联书店1997年版，第82页。

〔3〕　See Gerald J. Postema, *Bentham and the Common Law Tradition*, Oxford：Clarendon Press, 1986, pp. 30~38.

〔4〕　"Janus"，指杰纳斯（天门神，头部前后各有一张面孔，故也称两面神，守护门户和万物的始末。这里用这个词语表示布莱克斯通思想中既有自然法的色彩，又有法律实证主义的影子，我们在后面会具体讨论到这个问题。

〔5〕　See Richard A. Cosgrove, *Scholars of the Law：English Jurisprudence from Blackstone to Hart*, New York University Press, 1996, p. 22.

正是《释义》具有的这些特点使得它成了英国法律史上的经典著作，而同时也成了我们研习、讨论英国法的恰当材料。正如李红海论述的"从梅特兰开始"是一个合适的路径一样，"从布莱克斯通开始"同样也是一个研究英国法的恰当路径。而这一途径的研究并不表示我们会误以为布莱克斯通时期的所有英国具体法律在今天依然有效，因为就静态的作品（特别是阐释具体法律制度的著作）而言，即便是最新的著作也总在不停地追逐着时间的脚步并随时面临着失效的可能。而经典著作的意义就在于它"是一本从不会耗尽它要向读者说的一切东西的书；是一本每次重读都好像初读那样带来发现的书；是一本即使我们初读也好像是在重温我们以前读过的东西的书"。[1]在笔者看来，《释义》当然并不能够为我们提供最新的英国法律制度的具体规定，但它可以使我们直接面对普通法传统乃至更为一般的法律哲学的基本问题和基本方法，而这种问题意识和方法意识对于一门学科的研究和推进而言无疑是极为关键的。而在这一过程中，布莱克斯通的《释义》将成为我们英国法研究中"作为问题"和"作为方法"的材料。[2]

二、一个简要的布莱克斯通研究综述

虽然布莱克斯通的《释义》一经出版即获得极大成功，并

---

〔1〕 参见［意］伊卡洛·卡尔维诺：《为什么读经典》，黄灿然、李桂蜜译，译林出版社2006年版。

〔2〕 "作为问题"和"作为方法"这种表述来自日本学者沟口雄三的一本日文著作《作为方法的中国》，后来孙歌在《读书》杂志上发表了《作为方法的日本》，并说明了这种表述的意蕴。参见孙歌：《作为方法的日本》，载《读书》1995年第3期。

产生了巨大的影响，但它经典地位的形成与布莱克斯通思想重要性的凸显无疑与两个世纪以来学者们的研究和评述密不可分。下面，我们将简要回顾这一历史过程，[1]实际上，通过这种综述也有助于明晰本书的努力方向。

首先是边沁于 1776 年匿名出版的《政府片论》，这可能是两个世纪以来对布莱克斯通所作的最为激烈的批评。在这部著作中，边沁认为《释义》最严重的缺点是"反对改革"，或者更确切地说，"充满全书的带普遍性的不准确和紊乱"。[2]边沁的这部著作以及他的其他著作、建议对于英国的立法和法律哲学产生了很大影响，并且开启了批评《释义》的先河。虽然这并未阻碍《释义》在 1770 年到 1830 年间在英格兰和北美的风靡状况，但却在很大程度上主宰了其后一段时期理论家们对于《释义》的评价。这种情形直到戴雪（A. V. Dicey）出现才稍有改观。

与布莱克斯通一样，戴雪也是牛津大学瓦伊纳英国法讲座教授。戴雪一生都对边沁颇为崇敬，因此他也批评过布莱克斯通的某种保守态度。他在《英宪精义》中这样说道："原书所有真实缺陷只是：当代法家均有一癖性，喜以陈旧不堪用的名义，衣被于翻新制度之上，尤好以往古诺尔曼征服（即诺曼征服——笔者）时代威廉胜主所运用的一切威权，替立宪政体之今代君主标榜；朴莱克斯通（即布莱克斯通——笔者）于此亦有同嗜，

---

〔1〕　这里主要参考了科斯格罗夫关于布莱克斯通思想所作的研究综述。See Richard A. Cosgrove, *Scholars of the Law : English Jurisprudence from Blackstone to Hart*, New York University Press, 1996, pp. 21~49.

〔2〕　参见［英］边沁：《政府片论》，沈叔平等译，商务印书馆 1995 年版，第 93 页。

且混淆的语言思想引起及叙论宪法全体所有问题。"〔1〕不过，我们看到，戴雪认为布莱克斯通的"所有真实缺陷"仅仅局限于上述这些缺点。事实上，他对布莱克斯通极为尊重，在讨论英国宪法含义和范围之前，就认为布莱克斯通是最值得借鉴的法学大师，并说"让我们首先请教法师；在理，朴莱克斯通就是唯一向导"。〔2〕戴雪重新评价了布莱克斯通思想的重要地位，并特别强调了《释义》的杰出风格。他认为，《释义》在普通法法律著作中，"以其风格而立于不朽的地位"。〔3〕

戴雪虽然在很大程度上影响了理论家们对于布莱克斯通的评价，不过并未完全消除边沁的影响，更何况在边沁之后这段时间，正是实证主义法学和法典化运动风靡的时期。此后，霍姆斯大法官在 1881 年出版的《普通法》（*The Common Law*）中在谈到自己著作思想渊源的时候对布莱克斯通作出了高度评价。实际上，针对当时的法典化思潮，霍姆斯的著作乃是站在一位普通法法律人的立场上，试图通过揭示普通法相对于罗马法和欧陆成文法而言的优越性来捍卫它的独特思维方式和实践方式。〔4〕而这

---

〔1〕 参见［英］戴雪：《英宪精义》，雷宾南译，中国法制出版社 2001 年版，第 90 页。

〔2〕 参见［英］戴雪：《英宪精义》，雷宾南译，中国法制出版社 2001 年版，第 89 页。事实上，有的学者的确也指出，戴雪的宪法观与布莱克斯通有着直接关联，他"继承了一种源自于柏克、布莱克斯通和白芝浩并且认为英国制度达到了政治成就之顶峰的宪法观。"参见［英］马丁·洛克林：《公法与政治理论》，郑戈译，商务印书馆 2003 年版，第 198 页。

〔3〕 A. V. Dicey, "Blackstone's Commentaries", p. 674, See Richard A. Cosgrove, *Scholars of the Law*：*English Jurisprudence from Blackstone to Hart*, New York University Press, 1996，p. 26.

〔4〕 参见郑戈：《如何阅读〈普通法〉》，载中国民商法律网：http://www.civillaw.com.cn/bo/t/？id＝30260，最后访问时间：2024 年 5 月 20 日。

种对于普通法传统的捍卫在某种意义上使得他对于布莱克斯通的基本问题进行了回应。[1]随着霍姆斯对普通法的重述，许多法律学者也发表了一些关于布莱克斯通的意见，但是很少有人能够提出新的观点并影响整个理论方向。

1932 年著名英国法律史学家霍尔兹沃思（Holdsworth）（他也是牛津大学瓦伊纳英国法讲座教授）赞誉布莱克斯通的最大功绩是自布拉克顿以来将巨大而庞杂的法律材料整合成一个无可比拟的体系。[2]同时，霍尔兹沃思还在他的不朽巨著《英国法律史》中对布莱克斯通和《释义》进行了集中阐述。霍尔兹沃思的研究在很大程度上确立了布莱克斯通及其《释义》的经典地位。

布尔斯廷（Daniel J. Boorstin）在 1941 年出版的著作中揭示了 18 世纪关于科学、宗教、历史、美学、哲学等思潮与《释义》之间的关系，并认为《释义》的内容充分体现了法律的科学性和神秘性。这部著作的重要意义在于其深刻揭示了布莱克斯通思想的复杂性和矛盾性。[3]

---

〔1〕　波斯纳认为，以兰德尔为代表的法律形式主义是布莱克斯通的传人，而"如同边沁当年对待布莱克斯通一样，现在则是由霍姆斯同布莱克斯通的传人交手过招了"。这一论断表明，霍姆斯在回应法律形式主义的时候在某种意义上进入了布莱克斯通开启的问题域。参见［美］理查德·A. 波斯纳：《法理学问题》，苏力译，中国政法大学出版社 2002 年版，第 20 页。

〔2〕　See Holdsworth, "Some Aspects of Blackstone and His Commentaries", *Cambridge Law Journal*, 4, No. 3, 1932, p. 284, See Richard A. Cosgrove, *Scholars of the Law: English Jurisprudence from Blackstone to Hart*, New York University Press, 1996, p. 27.

〔3〕　这部著作最早是于 1941 年由哈佛大学出版社出版的。笔者手边这本是芝加哥大学出版社 1996 年的版本，里面增加了作者新撰写的一篇序言。这是国家图书馆收藏的极为有限的研究布莱克斯通的专门性著作。See Daniel J. Boorstin, *The Mysterious Science of The Law: An Essay on Blackstone's Commentaries Showing How Blackstone, Employing Eighteenth-century Ideas of Science, Religion, History, Aesthetics, and Philosophy, Made of the Law at Once a Conservative and a Mysterious Science*, The University of Chicago Press, 1996.

实际上，尽管到霍尔兹沃思的时候，布莱克斯通《释义》的经典地位已经确立，而且此后几十年中也一直有学者在称赞它，但它的影响却逐渐减弱。其主要原因在于它已经逐渐失去了对于法律制度和法律教育的实际功能。

20世纪七八十年代，随着边沁著作被重新重视和研究，以及某种"复归古典"风气的影响，学者们逐渐又兴起了对于布莱克斯通和《释义》的研究。[1]实际上，这一阶段的研究比之以往的任何时代都更深入。比如，密尔松的研究将布莱克斯通的著作放在了某种更为宏观的历史背景中，并出色地阐明了布莱克斯通工作的性质和意义；[2]肯尼迪则通过对《释义》结构和内在逻辑的矛盾进行分析，从而确立了他在批判法学学派当中的位置；[3]洛班（Lobban）的研究则围绕布莱克斯通将罗马法结构整合进英国法内容的这种具体努力进行讨论，阐明了布莱克斯通《释义》内容的内在逻辑；[4]沃森（Watson）的研究则在批评肯尼迪论文的基础上阐明了布莱克斯通《释义》的结

---

[1] See S. F. C. Milsom, "The Nature of Blackstone's Achievement", *Studies in the History of the Common Law*, The Hambledon Press, 1985, p. 198.

[2] See S. F. C. Milsom, "The Nature of Blackstone's Achievement", *Studies in the History of the Common Law*, The Hambledon Press, 1985, p. 198.

[3] See Kennedy, "The Structure of Blackstone's Commentaries", 28 *Buffalo Law Review*, 1979. 得到这篇长达近200页的论文颇费周折，由于westlaw，lexis等数据库未能收录，在美国读书的刘晓春同学帮笔者找到了杂志的原文并转换成电子版，然后又通过电子邮件发给了笔者，在这里笔者要特别谢谢她。关于这篇文章的中文介绍，请参见朱景文主编：《对西方法律传统的挑战——美国批判法律研究运动》，中国检察出版社1996年版，第48~59页；沈宗灵：《现代西方法理学》，北京大学出版社1992年版，第419~423页。

[4] See Michael Lobban, "Blackstone and the Science of Law", *The Historical Journal*, 30, 2, 1987, pp. 311~335.

构来源；[1]等等。这一阶段的研究特点：一方面在于基本上消除了历史上边沁对于布莱克斯通的负面评价的影响；另一方面也在于出现了更多关于布莱克斯通的更为细致和深入的研究。

我们看到，两个世纪以来，就阅读的人群和影响而言，布莱克斯通的《释义》经历了一个从风靡一时到逐渐衰落的过程。但另一方面，随着学者们研究的深入，它的经典作品地位却得以确立并日益牢固。而就相关研究的性质而言，我们又大致可以把这些研究分为两类：第一类是从边沁开始的侧重讨论其中问题和矛盾的研究，比如有的学者认为布莱克斯通的《释义》令人感到迷惑和矛盾，[2]有的学者认为《释义》的理论基础并不适合其中的内容，或者认为这个理论基础并未得到实际上的

---

〔1〕　See Alan Watson，"The Structure of Blackstone's Commentaries"，*The Yale Law Journal*，Vol. 97，1987.

〔2〕　See Kennedy，"The Structure of Blackstone's Commentaries"，28 *Buffalo Law Review*，1979. 尽管如此，该文还是对布莱克斯通的《释义》作出了很高的评价，认为布莱克斯通的最大成就在于能将抽象的自由主义的政治口号"权利"转化为几千个具体的普通法规则。顺便指出，关于这种评价，哈耶克在此前的著作中（1960 年）就已经提出了类似的观点："在 18 世纪晚期，对于上述理想（指现代自由和法治理想——笔者），人们所采取的一般做法是视它们为当然，而不是对它们进行明确的阐述，所以当现代的读者试图理解亚当·斯密及其同时代人所指的'自由'含义时，便只有去猜测他们对上述理想的理解了。只是在一些偶然的情况中，一如布莱克斯通所著的《英格兰法释义》一书中的情况那样，我们才可以发现那种力图阐释某些具体观念的努力，如法官独立性的重要意义和权力分立的重要性。同样也是在布莱克斯通的这部大作中，我们方能发现那种通过定义的方式澄清'法律'之意义的努力。"参见［英］弗里德利希·冯·哈耶克：《自由秩序原理》（上册），邓正来译，生活·读书·新知三联书店 1997 年版，第 217~218 页。

应用。[1]第二类研究更侧重于讨论布莱克斯通对于英国法体系化的贡献，以及将普通法建立在了坚实的一般原则基础之上，甚至认为布莱克斯通创造了一种新的"英国法律科学"（Science of English Law）。[2]

三、本书的研究进路及结构安排

对布莱克斯通及其《释义》的相关研究做全面的文献综述几乎是不可能的。因为两个世纪以来，对布莱克斯通的研究几乎遍及法律的所有部门，即便是那些侧重法律理论方面的文章，也可谓是数不胜数。

不过，笔者无力，也并不准备对布莱克斯通及其《释义》进行全面的研究，也并不准备集中讨论部门法的问题。本书试

---

〔1〕 See Daniel J. Boorstin, *The Mysterious Science of The Law*: *an Essay on Blackstone's Commentaries Showing How Blackstone*, *Employing Eighteenth-century Ideas of Science*, *Religion*, *History*, *Aesthetics*, *and Philosophy*, *Made of the Law at Once a Conservative and a Mysterious Science*, The University of Chicago Press, 1996; *The Mysterious Science of The Law*: *an Essay on Blackstone's Commentaries Showing How Blackstone*, *Employing Eighteenth-century Ideas of Science*, *Religion*, *History*, *Aesthetics*, *and Philosophy*, *Made of the Law at Once a Conservative and a Mysterious Science*, The University of Chicago Press, 1996; H. L. A. Hart, "Blackstone's Use of the Law of Nature", *Butterworth's South African Law Review*, 1956, pp. 169 ~ 174; J. M. Finnis, "Blackstone's Theoretical Intentions", *Natural Law Forum*, XII (1967), pp. 163~183; H. J. Rinck, "Blackstone and the Law of Nature", *Ratio*, II, 1960, pp. 162~182.

〔2〕 See Holdsworth William Holdsworth, *A History of English Law*, Vol. XII, London: Sweet and Maxwell, 1938, Vol. XII; Holdsworth, "Some Aspects of Blackstone and His Commentaries", *Cambridge Law Journal*, 4, No. 3, 1932; Milsom S. F. C. Milsom, "The Nature of Blackstone's Achievement", *Studies in the History of the Common Law*, The Hambledon Press, 1985, p. 198; Watson Alan Watson, "The Structure of Blackstone's Commentaries", *The Yale Law Journal*, Vol. 97, 1987; Postema Gerald J. Postema, *Bentham and the Common Law Tradition*, Oxford: Clarendon Press, 1986, pp. 30~38.

图在对布莱克斯通的问题意识进行考察的基础上，集中讨论布莱克斯通对英国法所做的体系化努力，并试图将这种体系化努力回归到整个普通法传统乃至一般法律哲学的背景之中，从而最终廓清布莱克斯通在普通法传统和法律思想史中的位置。当然，本书的这种进路与下面这些判断和理由直接相关：

第一，在笔者看来，理解和把握一位经典作家的"问题意识"乃是讨论其作品的前提性关键问题。只有把握了"问题意识"，才可能让我们最大限度地不被他人的研究文献所牵引，才可能让我们直接面对布莱克斯通自己的问题而非后来研究者的问题。而对于中国背景下的英国法研究而言，把握问题意识将更为关键，不仅在于本书是一篇基础性的研究，而且也在于唯有紧紧抓住"问题意识"，才可能最大限度地克服由文化差异导致的隔膜，以及相关研究资料缺乏的限制。

第二，正是基于"问题意识"的重要性，本书才将布莱克斯通对英国法的体系化努力作为讨论的中心。在笔者看来，布莱克斯通对英国法的体系化努力正是直接应对他的问题的。实际上，这一事实也可以从我们上面所做的研究综述中看出来，因为无论是批评布莱克斯通的"混乱和逻辑矛盾"还是赞扬布莱克斯通将英国法体系化甚至最终形成一种"普通法律科学"，这两种意见其实都围绕着体系化这一基本问题，区别仅仅在于对这种体系化努力所作的判断不同。不过，需要注意的是，本书讨论的这一体系化努力并不包括所有方面，因为从某种意义上可以说布莱克斯通的全部工作都是在将英国法的内容体系化。我们的讨论主要集中于《释义》结构体系化以及内容体系化的一般逻辑层面，而对于内容体系化更为具体的制度方面则所涉不多。

第三，为什么还要将布莱克斯通的努力最终置于普通法传统甚至一般法律哲学的背景之中进行讨论呢？因为在笔者看来，只有这样才能最终廓清布莱克斯通在普通法传统乃至一般法律哲学谱系中的位置，才可能使我们不仅"入于其中"，而且还"出于其外"，从而将单个经典作家的个性与整个法律传统的共性联系起来，这不仅有助于加深我们对布莱克斯通的理解，而且有益于增进我们对于普通法传统乃至法律哲学的认识。

第四，本书这种研究进路和具体内容，是建立在对已有研究文献进行阅读的基础之上的，但本书并不准备对它们进行简单的杂糅或者完全照搬。本书试图在讨论的过程中加入自己的思考，并回应中国学者的相关研究。也正是在这个意义上而言，研习西方的理论并不等同于简单照搬西方的理论，而更为重要的是在这种研习的过程中，一方面准确而全面地把握西方的理论和思想，另一方面也构筑中国学者之间讨论的问题域，从而为形成我们自己的问题意识创造条件。

第五，本书的这种研究进路还在于试图揭示：所谓的"法律制度史"与"法律思想史"的划分在布莱克斯通那里体现得并不明显。甚至，在他那里，法律制度和背后的法律思想实际上是交融在一起的。在笔者看来，在这个问题上，我们国内的一些学者乃至学术机构或许应该深长思之。学术机构中的教研室体制，法学研究中相应部门、学科的区分，虽然在某种程度上可能有利于专业的分工和细化，但同时也造成了彼此的隔阂甚至轻视。因此，制度史的著作常常流于简单的制度介绍和罗列，而忽视了对制度背后思想渊源的阐释；思想史的著作则容易流于抽象的讨论而忽视了对具体制度的说明，而这种情况又进一步加剧了学科之间的隔阂和轻视，并阻碍我们形成某种更为一般而全面的知识视野和问题意识。实际上，这种情形并不仅仅限于法律思想史和法律制度史的划分，以及法学内部的各个部门的区分，甚至在法学和其他人文科学和社会科学之间也同样缺乏交流和沟通。笔者以为，在此方面，布莱克斯通及其《释义》或许可以给我们一些启发。

基于这样的研究进路，本书的具体结构安排如下：

第一章主要讨论布莱克斯通的生平、著作，《释义》在读者中的巨大影响及其原因。这是对布莱克斯通本人以及《释义》的一般性介绍。

第二章主要讨论布莱克斯通的问题意识。首先分别讨论英格兰律师会馆和大学法律教育两种法律教育模式的历史背景和一般情形，这是布莱克斯通问题意识形成的历史背景；其次讨论布莱克斯通时代法律教育的具体情形，这是布莱克斯通问题意识形成的直接来源；最后讨论布莱克斯通面临的困难和试图达至的目标以及在逻辑层面和历史层面克服困难的可能，比如律师会馆中法律学徒所研习的普通法在知识论上的性质、是否适合讲授，以及当时英格兰法的发展是否已经为布莱克斯通的系统化努力提供了历史条件；等等。

第三章主要讨论布莱克斯通在《释义》结构方面所做的体系化努力。本章首先介绍了《释义》的篇章结构安排；其次对于这种结构来源进行了某种"知识考古学"的考察，阐述了从查士丁尼到黑尔等一些法律学家对布莱克斯通可能的影响；最后讨论了布莱克斯通《释义》的结构与此前著作结构之间的承继关系。

第四章主要讨论英格兰法《释义》内容体系化的一般逻辑。正如我们在前面谈到的，本书并不准备集中讨论具体制度层面的体系化努力，而仅仅着眼于这种体系化的一般逻辑层面。当然，这并不意味这种体系化一般逻辑的讨论是脱离具体法律制度的。事实上，在本章中阐释内容体系化一般逻辑的时候，当然离不开具体制度的例证和说明。在本章中我们将首先讨论《释义》内容体系化一般逻辑中的两个问题，也即《释义》中自然法观念与法律实证主义观念之间的紧张关系，以及在逻辑与历史之间的紧张关系。然后，在此基础上通过将布莱克斯通的内在逻辑与罗马法思维模式、柯克以及边沁进行对比来阐明布莱克斯通的理性概念，从而将布莱克斯通与整个普通法传统联系起来。

最后一个部分是结语，这一部分对全书进行总结，并在此基础上提出"普通法乃至更为一般的法学能否科学化"的一般问题，从而将布莱克斯通与一般法律哲学的基本问题联系起来，并最终廓清布莱克斯通在思想史谱系中的位置。

四、关于本书所依据的《释义》版本以及有关概念的说明

此外，还有一些问题需要加以说明：

第一，我们知道，布莱克斯通的《释义》在历史上有过许多版本，但由于国内条件所限，我们可以选择的版本极为有限——甚至可以说无从选择。国家图书馆中藏有一个 1809 年的英国版本，但是在善本阅览室，阅览需要开特别的介绍信，而且不能外借。另外，高鸿钧教授说，社会科学院资料室中藏有

一本《释义》，但这个资料室据说一直在整理。因此，可以选择的就只有北京大学图书馆中收藏的从前燕京大学图书馆留下来的一个 1859 年的美国版本了。[1] 不过，这个版本中除了加入了美国学者的注释和分析之外，对布莱克斯通本人的文字并没有做任何内容上的改动，所以版本的问题对于我们的讨论主题而言并不构成实质性的影响。

　　第二，国内的译著和文章大多将《释义》书名 *Commentaries on the Laws of England* 译为《英国法释义》，本书将这一题目译为《英格兰法释义》。主要原因在于：首先，著作的书名是"Laws of England"，而非"English Law"，而后者则出现在了梅特兰和霍尔兹沃思的英国法律史著作书名中。这一细微区别或许也可以反映出布莱克斯通与梅特兰、霍尔兹沃思关注重点的不同：布莱克斯通的着眼点主要在于阐释他所处时代的英格兰法，而梅特兰和霍尔兹沃思则并没有这种强调的重点，他们的著作是典型的法律史著作。其次，这种区别并不意味着布莱克斯通的《释义》不关心英国法律的历史，实际上，对历史的阐释乃是《释义》的一个基本特点，只是他的目的在于"以古释今"。同时，他在《释义》中经常使用"English Law"这个词语，这就进一步说明，在他那里"English Law"与"Laws of England"这两个词语是有某种区别的。最后，更为直接的证据是布莱克斯通在《释义》导论的第四部分专门讨论了受英格兰法支配的国家和地区，比如威尔士和其他殖民地等，这也说明

---

〔1〕　Sir William Blackstone, *Commentaries on the Laws of England*, *With Notes Selected from the Editions of Archbold*, *Christian*, *Coleridge*, *Chitty*, *Stewart*, *Kerr*, *and Others*, *Barron Field's Analysis*, *and Additional Notes and a Life of the Author by George Sharswood*, Philadelphia：J. B. Lippincott Company, 1859.

了在布莱克斯通的语境中这两个词的区别。

当然，这些理由并不意味着从前的译法就一定错误。事实上，在英国法律史的研究中，由于"英国法"的主体部分是"英格兰法"，而"英格兰法"的主体部分又是"普通法"，所以这三个概念经常随着不同的语境而指涉相同的意思。在本书中，"英国法"的使用与"英格兰法"基本相同，并不包括苏格兰的法律。而"普通法"则在不同的地方有着不同的含义，有时候是用来指与罗马法传统相对的"英格兰法"，甚至包括了同样具有普通法传统的美国法，有时候又仅仅指 12 世纪、13 世纪在英格兰由王室法官通过巡回审判等制度发展起来的那套王室的习惯法。此时，"普通法"与"英格兰法"的意思就不一致了，而是与"衡平法""制定法"相对，并共同构成英国法的三大渊源。〔1〕

---

〔1〕 李红海在他的著作中也作出了这种概念上的界定，由此可以看出这些概念之间的区别在国内英国法研究中具有某种共同性。同时也可以看出语词问题的复杂性，这尤其体现在当我们将异质文化中的语词翻译过来变成我们自己概念系统的一部分的时候。比如这些概念在英国可能不会遇到多少误解，但是在中国的情形就大不一样了。参见李红海：《普通法的历史解读——从梅特兰开始》，清华大学出版社 2003 年版，第18~19 页。

第一章
布莱克斯通的生平、著作和影响 [1]

〜〜〜〜

一、布莱克斯通的生平

威廉·布莱克斯通爵士（Sir William Blackstone, 1723 年——1780 年），1723 年 7 月 10 日生于伦敦，他是家里第四个（也是

---

〔1〕 关于布莱克斯通的生平和著作的一般性介绍，笔者主要是以霍尔兹沃思爵士的有关叙述和考证为基础的。因为他的《英国法律史》是被公认为权威和经典的不朽之作。同时，笔者还参考了其他一些文章和著作中的有关内容，包括笔者手边的《释义》置于开头的由美国版本编辑者撰写的布莱克斯通小传，伍达德在他的文章中关于布莱克斯通的描述，丹宁勋爵的有关描述，《牛津法律大辞典》中的Blackstone 词条，阿尔伯特·阿尔舒勒文章中关于布莱克斯通生平的叙述，道格拉斯·库克关于布莱克斯通生平的叙述。See William Holdsworth, *A History of English Law*, Vol. XII, London：Sweet and Maxwell, 1938, pp. 702~737；*Comm.*, Vol. 1, pp. v~xxi；［美］卡尔文·伍达德、张志铭：《威廉·布莱克斯通与英美法理学》，载《南京大学法律评论》1996 年第 2 期；［美］肯尼思·W. 汤普森编：《宪法的政治理论》，张志铭译，生活·读书·新知三联书店 1997 年版，第 69~99 页；［英］丹宁勋爵：《法律的未来》，刘庸安、张文镇译，法律出版社 1999 年版，第 14~21 页；［英］戴维·M. 沃克：《牛津法律大辞典》，北京社会与科技发展研究所组织翻译，光明日报出版社 1988 年版，第 99~100 页；Albert W. Alschuler, "Rediscovering Blackstone", 145 *Univ. of Pennsylvania. Law Rev.* 1；Douglas H. Cook, "Christian Legal Foundations Essay：Sir William Blackstone：A Life and Legacy Set Apart for God's Work, 13, *Regent Univ. Law Rev.*, 169.

最小的）孩子。他的父亲查尔斯·布莱克斯通（Charles Black-
stone）是一个从事丝织业生意的普通市民。不幸的是，在他尚
未出生之时，他的父亲业已去世，而在他 12 岁的时候[1]，他
的母亲也离开了人世。此后，他的一个舅舅托马斯·比格先生
（Mr. Thoma Bigg，是当时伦敦一个有名的外科医生）便承担起
了抚育他的任务。

　　1730 年，当他 7 岁的时候，他进入了英国有名的公立学校
之一——查特豪斯公学（Charter-House）。15 岁的时候，他的
成绩已经在公学中名列前茅。尤其是在古典文学方面出类拔萃，
他曾经因为吟诵弥尔顿（Milton）的诗歌而获得了一枚金质奖
章，因此他被认为足以转到大学读书了。他拿到牛津大学彭布
鲁克学院（Pembroke College）入学许可的时间是 1738 年 12 月 1
日。在牛津，他勤奋好学，不仅继续钟情古典文学，而且还研
读逻辑学和数学等科目。他甚至在 20 岁的时候写了一本关于建
筑学的著作（《建筑学原理》，*The Elements of Architecture*）。在这
本小书里，他对当时一些最好的建筑学著作所确立的重要原则
进行了阐释和说明。这本小书为他赢得了一些赞誉。事实上，
在这里我们也可以看到布莱克斯通在后来《释义》中所展现的
出众的概括和阐释能力的某种影子。他一生都对建筑学感兴趣，
并曾运用他的知识对一些实际建筑（比方图书馆和教堂）进行
了很好的说明。不过，建筑学只是他的业余爱好，他还是准备
将法律作为他的职业选择。事实上，虽然他也极其热爱古典文
学和学者悠然自得的生活，极其渴望在牛津大学继续呆下去，
但是由于没有个人收入，他不得不考虑另外的出路。而在当时

---

　　[1]　另一种说法是 11 岁，See *Comm.*，Vol. 1，p. vii.

的英国，法律职业是为数不多的可以使个人地位上升甚至进入上层的"阶梯"。于是，1741 年，布莱克斯通去往伦敦，成了中殿律师会馆（the Middle Temple）的一名学员。他用一首诗来表达了他离别牛津的心情——"一位律师与缪斯[1]的永别"。这首诗一方面流露了他离开牛津时失落的心情，另一方面也表达了他对于将要投身的法律职业的理想和绝不放弃的信心。[2]不过，他也并没有全部放弃古典文学，正如他并未完全放弃对建筑学的爱好一样。他后来还创作了关于威尔士王子之死的诗句、

---

[1] 缪斯是希腊神话中司文艺和科学的女神。

[2] 他其中的一些诗句是这样的：

There in a winding, close retreat,

Is Justice doom' d to fix her seat;

There, fenced by bulwarks of the law,

She keeps the wondering world in awe;

And there from vulgar sight retired,

Like eastern queens if much admired.

Oh! Let me pierce the secret shade,

Where humbly mark with reverend awe,

The guardian of Britannia's law….

In that pure spring the bottom view,

Clear, deep, and regularly true,

And other doctrines thence imbibe,

Than lurk within the sordid scribe;

Observe how parts with parts unite

In one harmonious rule of right;

See countless wheels distinctly tend

By various laws to one great end.

虽然有些评论者曾经不无揶揄地指出，该诗明白无误地证明，布莱克斯通无论会成为什么也不会成为诗人。然而，毋庸置疑的是，布莱克斯通对于古典文学和诗歌的爱好，对他法律著作的写作风格有很大影响。

关于蒲柏（Pope）[1]和艾迪生（Addison）[2]论争的说明，以及对于莎士比亚著作的评注。

1743 年 11 月，他由于出色的表现被选拔为万灵学院（All Souls College）的成员。1746 年，他成为一名出庭律师。于是，他曾经一度要往返于牛津和伦敦之间。他在律师职业方面并不怎么成功。不过，他为万灵学院和牛津大学做了许多有益的工作：他是万灵学院的司库以及学院地产的管理人，更为重要的是，他对牛津大学一座关于法律历史和经济方面最大的学院图书馆（Codrington library）进行了完善和整理。1750 年，也即他获得法学博士学位的第二年，[3]他被任命为牛津大学校长法庭（the Chancellor's court）的法官。[4]1755 年，他被任命为牛津大学出版社的代表，并且在这个职位上做了非常有益的改革。1757 年他被指定为牛津女王学院米歇尔（Michel）新的基金会

---

〔1〕 蒲柏（1688 年—1744 年），英国诗人，长于讽刺，善用英雄偶体，著有长篇讽刺诗《夺发记》《群愚史诗》等，并翻译了荷马史诗《伊利亚特》和《奥德赛》。

〔2〕 艾迪生（1672 年—1719 年），英国散文作家、剧作家、诗人，英国期刊文学创始人之一，曾与斯格尔（R. steele）合办《旁观者》杂志，著有悲剧《卡托》、诗歌《战役》等。

〔3〕 需要注意的是，布莱克斯通攻读并取得的是牛津大学在罗马法或民法方面的学位（民法学博士）。因为直到那时为止，牛津大学（包括剑桥大学）实际上没有开设过关于普通法的任何讲座或课程。关于布莱克斯通之前英国的法律教育状况，我们将在后面详细谈到。

〔4〕 Chancellor's Court，这里指设在牛津大学行使其地方司法管辖权的法庭（剑桥大学也设有类似的法庭）。为了避免学生们因为涉入其他较远的法院的司法程序而影响学业或其他学术活动，而授予两校排它性的司法管辖权，审理学校成员为一方当事人的案件。牛津大学校长法庭的主审法官是副校长或其代理人。在这些法庭中的诉讼曾由法官根据普通法或大学的规章习惯行使裁量权，而现在则根据当地的普通法或成文法。参见薛波主编：《元照英美法词典》，法律出版社 2003 年版，第 212 页。

的督察之一。然而，布莱克斯通一生的转折点是他在牛津大学万灵学院开设讲座，而这是英国历史上第一次在大学中讲授英国法。

布莱克斯通回到牛津讲授英国法，这和另一位英国法历史上的伟大人物曼斯菲尔德勋爵（Murray, Sir William, Lord Mansfield，1705 年—1793 年）有关。布莱克斯通做律师期间，在一个案件中担任了曼斯菲尔德勋爵的助手，于是得以结识时任副总检察长曼斯菲尔德勋爵，并且在此后非常幸运地赢得了他的友谊。曼斯菲尔德勋爵是 18 世纪真正伟大的律师和法官之一。他是一位热情的牛津大学毕业生，一位坚信法律教育应立足于大学的人。不满于现状的年轻的布莱克斯通请他提供建议和看法：我这一生应该做什么？非常自然的是，曼斯菲尔德勋爵建议布莱克斯通竞任牛津大学罗马法或民法的教职，布莱克斯通接受了这一建议。当时，牛津大学民法钦定讲座教授的职位选任在很大程度上是政治性的。这些职位是亨利八世 1546 年用他强迫修道院交来的钱设立的，专门讲授与普通法完全不同的民法课程，而任命教授的权力则被掌握在时任首相纽卡斯尔公爵（Duke of Newcastle）手中。当曼斯菲尔德勋爵推荐布莱克斯通担任这一教授职位之时，纽卡斯尔公爵向布莱克斯通暗示，如果布莱克斯通为他所在的党效力，就准备把这个职位给他。公爵对布莱克斯通说："先生，你的朋友默里先生（指曼斯菲尔德勋爵）说你会以一种完美的风格讲授法学课程，因此对学生有帮助，我相信这种评价。而且我敢说完全信任你，无论什么时候在那所大学中出现政治骚动，先生，你都会尽力代表我们。"布莱克斯通对这种暗示的回答是：他不愿意卷入政治，然后就离开了房间。布莱克斯通的回答当然使公爵很不高兴，于是他没有得到这一教职。[1]布莱克斯通回到曼斯菲尔德勋爵那里请教进一步的建议，此时曼斯菲尔德勋爵提出了一个更独到的想法：为什么布莱克斯通不直接返回牛津，继续他在万灵学院的研究工作，并且作为研究员以普通法而不是罗马法或民法为主题行使举办讲座的权利呢？虽然这意味着没有教职（因而也没有薪金），但是假如有需求，就可能有足够的学生交费听讲。布莱克斯通当时的绝望或痛苦使得他立刻采纳了曼斯菲尔德勋爵的建议，于是他回到了牛津。同年，他开始举办他著名的讲座，而且这些讲座一举成功。当时有个叫瓦伊纳的律师去世了，他给牛津大学捐献了一大笔钱，以促进对法律的研究。1758年，布莱克斯通讲座的成功使他顺理成章地成为第一任瓦伊纳法学教授，他担任这个教职一直到1766年。这些讲座成了后来在1765年至1769年出版的4卷《释义》的基础。

布莱克斯通的讲座使他的名声越过了英格兰的边境。他曾经被邀请给威尔士王子讲授普通法，不过由于时间与他在牛津的课程发生了冲突所以就推辞了。于是，他将讲座讲义的复本寄了过去，后来收到了威尔士王子慷慨的酬金。1758年，他谢绝了威尔斯（C. J. Willes）和巴瑟斯特（J. Bathurst）推荐他成为高级律师（serjeant-at-law）的提名。1759年，他又重新开始出席威斯敏斯特（Westminster）的会议和审判；1761年进入议会。同年结婚，并且辞去了万灵学院的研究员职位。但是，他还保留着与牛津校方的联系，因为威斯特摩兰（Westmoreland）

---

〔1〕　参见［英］丹宁勋爵：《法律的未来》，刘庸安、张文镇译，法律出版社1999年版，第16~17页。

伯爵（当时牛津大学的名誉校长）委任他为预备律师会馆（New Inn Hall）的负责人。此时，他在律师界迅速获得成功。1761 年，他被提名担任爱尔兰皇家民事法庭（Irish court of Common Pleas）首席法官，但并未获得通过。1763 年，他被任命为女王的副总检察长（solicitor-general to the Queen）。他的一篇关于在古代土地占有制度中，土地保有人是否是地产完全保有人的论文，提升了他在律师界中的名声；他对大宪章和森林宪章的编辑对历史学家和宪法学家具有极大的重要性，并显示出了布莱克斯通是一位十分够格且学识渊博的历史学家。1766 年，他离开了牛津——包括辞去了他的讲座教授职位和预备律师会馆的负责人职务。1770 年，他被任命为副总检察长，但他明智地推辞了。这一方面是因为他自己在下议院并不十分成功，另一方面是因为他自觉身体状况已经无法承受繁重的工作。

1770 年，他接受了英格兰皇家民事法庭（court of Common Pleas）法官的职位。不过，由于当时一位名叫耶茨（J. Yates）法官希望从王座法庭（King's Bench）到皇家民事法庭，于是他同意与耶茨法官进行调换。他担任王座法庭法官的时间很短（从 1770 年 2 月 16 日到 6 月 22 日）。其间，耶茨法官去世，他又被任命为皇家民事法庭的法官。布莱克斯通担任法官时的判决同样显示了他著作的风格：头脑清晰、富于逻辑，并且深谙古代和当今的相关判例以及法律的历史。他最著名的两个判决是：在“Perrin v. Blake 案”中，他推翻了此前在“Shelley's Case 案”中的正统观点；在“Scott v. Shepherd 案”中，对侵害之诉（trespass）和间接侵害之诉（case）[1]作出了区分。他留

---

〔1〕　这里的 Case 是 trespass on the case 的简称。

下的法庭记录显示，无论是在程序方面还是在实体法律方面他都是法庭的主导者，同时能够对当代的制定法及其在历史上的沿革和原理进行阐明。他是一位能干的法官，不过他并没有像法斯声称的那样"他的法官生涯如同他撰写《释义》那样出众"。布莱克斯通于 1780 年 2 月 14 日在皇家民事法庭法官的任上逝世。在他逝世之前，他曾经受乔治·唐宁（George Downing）勋爵遗嘱执行人的委托，制订唐宁勋爵在剑桥大学捐资设立的学院的章程。若非布莱克斯通病故，法律史上将会留下这样的故事：牛津大学的首任瓦伊纳英国法讲座教授曾经在剑桥大学的首任唐宁英国法讲座教授的选任事务上担任主要角色。

布莱克斯通一生非常勤奋，并且很善于规划自己的时间。他严格执行时间安排，甚至近乎苛刻。在他的一生中，他曾经因为一些事情而改变了自己的写作安排：早期是因为他在学院和大学的工作，后期则是因为法律事务和政治事务。当他担任议会议员的时候，他曾经提出过一个很重要的关于资产管理方面的议案，这也是他在自己《释义》一书中所提出的建议。在他晚年的时候，他推动了监狱改革方面的立法，并劝说政府为法官们加薪。他乐于参与当地的公益事业，曾经为他自己长期定居的一个地方 Wallingford 积极筹划修建两条收费公路，并且运用自己的建筑学知识来重新设计修建了 St. Peter 教堂，他为当地的繁荣和美化做出了自己的贡献，而他的遗体，也静静地躺在了这个教堂附近。

布莱克斯通眼睛有些近视，所以眉头常常紧锁，表情显得有些严肃。但他乐于与人交往，并且是个令人愉快的同伴。他容易暴躁，尤其是在晚年更是如此，但他生性慷慨，而且责任感极强。他矜持寡言，对自己职位怀有很强的尊严感，并且严格遵行种种仪式，这使得许多人认为他有些傲慢。他讨厌锻炼身体，而且进食过多，身体越来越胖，这在很大程度上缩短了他的寿命，导致他年仅 57 岁就去世了。然而，所有这些细枝末节都难以掩盖他非凡的才华、高尚的道德以及对社会强烈的使命感。这些品质渗透到了他的《释义》和其他著作当中，并且使得他在法律史中立于不朽的地位。

二、布莱克斯通的学术著作及其影响[1]

他的第一部著作是我们在前面已经提到过的《建筑学原理》，但他的声誉在于其法律著作。除 1765 年至 1769 年出版的《释义》之外，布莱克斯通的大部分法律著作都被收录在了 1762 年首次出版的《法律文集》（Law Tracts）中，共有 5 篇论著。其中第一篇是《英格兰法分析》（*Analysis of the Laws of England*）（1854年），这是为那些听他讲座的人准备的大纲。第二篇是《论旁系亲属》（*Essay on Collateral Consanguinity*）（1750 年）。第三篇是关于在古代土地占有制度中，土地保有人是否是地产完全保有人的论文（1758 年）。第四篇是《牛津出版社之观察》（*Observations on the Oxford Press*）（1757 年）。最后一篇是他对亨利三

---

〔1〕　在笔者看来，一部著作的影响大致可以分为两个方面：一方面是在学术史上的地位，另一方面是对读者的影响程度。而对于一部著作的评价，大致也可以依循这样的理路来作出区分。比如对于圣经，我们既可以从文学和文学史的角度来讨论，也可以从它巨大的发行量、众多的读者群来谈。一部著作可能在思想史上地位不高，但却可能拥有众多的读者，反之，图书馆中冷僻的学术著作又可能在思想史上占据重要的学术地位。本节标题中的"影响"，虽然当然与布莱克斯通《释义》在法律思想史中的学术地位密切关联，但主要指它为读者所重视的程度。笔者将在后面重点讨论它在法律史上的位置。

世和爱德华一世颁发的特许状的汇编（1759 年）。这些著作显示了布莱克斯通不仅是一位博学的律师，同时也是一位博学的法律史学家，文字不仅清晰，而且优美。不过，如果布莱克斯通仅仅拥有这几篇作品，他只能在法律史中留下很小的印记，而不会像现在这样得以与布拉克顿、利特尔顿、柯克、黑尔这些人并列，不仅阐释了过去，而且继往开来，对后世的法律发展有着深远的影响。当然，为他赢得如此不朽名声的是他的《释义》。[1]

这部著作不仅在英国法律史上占据重要地位，而且对英国的殖民地（特别是美国）有着深远的影响。

我们首先简要讨论在英国的影响。

在《释义》出版后，英国法律的变化使得《释义》中的一些内容显得过时，于是修订这部著作就显得十分必要了。布莱克斯通在世时，这部著作共再版了 8 次，在后面几次再版中，他本人曾经做了一些修订。他在一个版本后记中曾经指出了再版的三个方面：一是删除了那些看起来真正错误的表述；二是修订那些不准确或有缺漏的地方；三是将模糊之处予以进一步阐明。在他去世之后，由于法律变化很快，再版速度依然很快，从 1783 年至 1849 年，共有 15 个版本出现。其中，第 1 版～第 11 版，编辑者同时采用增加注释和修订正文的方式，而从第 12 版～第 15 版，编辑者克里斯琴（Christian）（他是剑桥大学第一任唐宁英国法讲座教授）只采用了增加注释的方式。不过，这些编辑者对于修订正文都非常保守。就像后来戴雪所说的那样：

---

〔1〕 我们将在后面具体说明《释义》的内容和结构，包括为什么在法律史中占据重要地位，使得布莱克斯通能够与布拉克顿、利特尔顿、柯克、黑尔等并肩成为英国法律史中的伟大人物。

"《释义》作者的名字令人平生敬畏之心。"〔1〕

　　但是，英国法律在19世纪发生的巨大变化使得在正文和注释上的细微修订已经无法适应形势。于是，斯蒂芬（Stephen）〔2〕对《释义》做了比较大的修订，在布莱克斯通的基础上进行了较大幅度的扩充。1848年—1849年，斯蒂芬的新版本出版了。此后，到霍尔兹沃思的时代，这个版本又再版了19次，许多学生都用它来作为学习法律的入门著作。〔3〕

　　我们看到，即便仅仅从《释义》编辑出版历史的角度来看，这部著作也具有巨大的影响，并被布莱克斯通同时代和其后的律师和学者们视为经典。曼斯菲尔德勋爵认为，它从一出版就成了最好的学生入门书。当有人问曼斯菲尔德勋爵给将要学习法律的儿子推荐什么书时他回答道："天哪！直到最近，我从来不满意我对这个问题的回答。但是自从布莱克斯通先生的《释义》出版以来，我再也不觉得为难了。在那部书里，你的儿子会发现渗透着一种令人愉快的、浅显易懂的风格的分析推理。在那部书里，他可以不知不觉地接受我们健全法律基础的那些最初的原则。"〔4〕爱德华·吉本（Gibbon）读了三遍《释义》，

---

〔1〕　See William Holdsworth, *A History of English Law*, Vol. XII, London：Sweet and Maxwell, 1938, p. 715.

〔2〕　斯蒂芬（Stephen, Henry John, 1787年—1864年），1815年取得英国律师资格，但业务平平。然而，最终因他的《论民事诉讼中的抗辩原则》(Treatise on the Principles of Pleading in Civil Actions) 一文而闻名。后来又因为重新修订布莱克斯通的著作而为更多人所知晓。参见［英］戴维·M. 沃克：《牛津法律大辞典》，北京社会与科技发展研究所组织翻译，光明日报出版社1988年版，第860页。

〔3〕　See William Holdsworth, *A History of English Law*, Vol. XII, London：Sweet and Maxwell, 1938, p. 715.

〔4〕　参见［英］丹宁勋爵：《法律的未来》，刘庸安、张文镇译，法律出版社1999年版，第19页。

并对第 1 卷做了全面而详细的摘要。普里斯特利（Priestley）[1]曾经批评过布莱克斯通在宗教方面的观点，但他却非常推崇作者的才华。猛烈抨击布莱克斯通的边沁在他的著作中这样说："这位作者的著作流传之广是无与伦比的。他比历来有关这一问题的任何其他作者所获得的重视和赞美都多，因之也就产生了同样大的影响。从许多方面来看，他获得这种影响的资格是无可争辩的。"[2]许多后来的法官在审理案件中也经常援引布莱克斯通的观点，比如曼斯菲尔德勋爵在"Campbell v. Hall 案"中就采纳了许多与布莱克斯通相同的观点。丹宁勋爵在 1982 年撰写的著作中这样评价这部著作："布莱克斯通的那部不朽的《释义》（4 卷本）使我们受益匪浅。这是他 12 年教学的结晶。这部著作马上就被律师和学者们公认为一部经典著作。直到今天，它仍是一部经典著作。我在我的私人图书馆里藏有一本早期的版本。当我要了解他那个时代是什么样子的时候，我总要参考它。他那广博的知识，他所作的研究，他那散文风格，他对一些原则的说明，常常使我惊诧不已。这是我们有史以来最伟大的一部法学著作。"[3]贝克在他的著作中提到："即便是那些批评他的人也不得不承认，布莱克斯通的《释义》是布拉克顿以来第一部逻辑连贯而合理的对英国法进行通盘阐释的著作，并

---

〔1〕 普里斯特利（1733 年—1804 年），英国神学家、科学家和教育家，反对三位一体等教义，曾发现氧等 10 种气体的光合作用，因同情和声援法国大革命而被迫移居美国（1794 年）。

〔2〕 参见 [英] 边沁：《政府片论》，沈叔平等译，商务印书馆 1995 年版，第93 页。

〔3〕 参见 [英] 丹宁勋爵：《法律的未来》，刘庸安、张文镇译，法律出版社1999 年版，第 17 页。

且为英国法律史贡献了一部很可能是最流行和晓畅易懂的著作。……它还是最后一本对古老的普通法进行通盘阐释的作品，以及一个新的法律时代的第一本法律教科书。"[1]

上面我们简要讨论了布莱克斯通著作在英国的影响，事实上，布莱克斯通对于英国的殖民地[2]（尤其是美国法律）的影响更为深远。因为殖民地法律不似英国本土那样有着古老的法律传统，有着复杂而繁多的判例、令状和程序，对于殖民地的律师来说，通过一部简明扼要的著作来了解和学习英国法当然要方便得多。

随着英帝国的扩张，英帝国的法律不只是使帝国强力控制了向它俯首称臣的地域，同时还使得英国的定居拓荒者将诸多的英国法律带入，从而构成了殖民地法制的基础。17世纪是英国普通法在殖民地的渗透期。17世纪初，"英国臣民在移居这些不隶属于文明国家的领土时，就把普通法一起带过去了"。[3]然而，普通法在当时并未占据支配地位。殖民地人在处理法律纠纷时，首先大量采用的是宗教法令、当地习惯和殖民地议会制定的法律，英国普通法的适用范围很小。18世纪，殖民地法律进一步完善。与此同时，英国普通法的影响逐渐增加。英国对殖民地立法的审查更加严密。随着贸易额和人口的增加（1700年，人口已达到30万），经过培训的律师人数逐渐扩大，上诉

---

〔1〕　See J. H. Baker, *An Introduction to English Legal History*, Fourth edition, Butterworths, 2002, p. 191.

〔2〕　布莱克斯通对于澳大利亚的影响，参见 ［澳］阿勒克斯·C. 卡斯妥思：《帝国的法律》，载许章润、徐平编：《法律：理性与历史——澳大利亚的理念、制度和实践》，中国法制出版社2000年版，第13页以下。

〔3〕　参见 ［法］勒内·达维德：《当代主要法律体系》，漆竹生译，上海译文出版社1984年版，第372页。

法院开始由专职人员管理，其中有些是作为移民入境的英国律师，有些曾就学于伦敦，或是在殖民地律师事务所见习的当地律师。而英国与殖民地之间航运的频繁又给大量普通法书籍和法律报告的传播创造了条件。人们之所以对英国的普通法产生兴趣：一是出于同英国商人交易的需要，因为他们是以此方式训练出来的；二是其原则本身有其合理性，并且可以支持殖民地人民控诉英王的事业。[1]到18世纪中期，许多英国法的经典著作被摆上了美国律师的案头，比如柯克的《英国法概要》和《案例报告集》、培根的《英国普通法原理》等。[2]由于布莱克斯通的《释义》是关于英国法的最新阐释，所以受到了最多的重视。柏克在《论与美洲和解的演讲》中提到："阁下，请允许我补述殖民地的另一件事实，它对这一桀骜不驯的精神之成长与效用，贡献不可谓不小。我是指他们的教育。法律研究的普遍，也许世界上没有一个国家是如此之甚的。这一职业人数很多，且势力颇大；在多数的省中，它都是执牛耳者。派往会议的代表们[3]，曾有很多是律师。而所有识字的人、大多数读书的人，莫不努力从这一门科学里，获取一星半点的知识。一位出色的书商告诉我，过去出口到种植园的书籍里，除了流行的宗教册子，没有哪个门类能超过法律书籍。而现在，殖民地已掌握了印刷它们的办法，以供自己使用。我还听说，布莱克斯通的

---

〔1〕 参见宋冰编：《读本：美国与德国的司法制度及司法程序》，中国政法大学出版社1998年版，第33~34页。

〔2〕 关于英国普通法在美国初期的发展过程，参见〔美〕伯纳德·施瓦茨：《美国法律史》，王军等译，中国政法大学出版社1997年版，第11页以下；白雪峰：《论美国法形成的历史轨迹》，载《史学月刊》2001年第3期。

〔3〕 指第一次大陆会议，于柏克做此演讲的前一年即1774年在费城召开，以商讨波士顿倾茶案后殖民地与母国之间危如累卵的紧张关系。

《释义》〔1〕在美洲的销售量，几乎与英国的销售量同样多。"〔2〕

《释义》的第一个美国版本出现于 1772 年。在此之前，在美国大约卖出了 1000 本英国版的《释义》。〔3〕一位名叫托马斯·马歇尔（Thomas Marshall）的弗吉尼亚居民给他最大的儿子约翰·马歇尔（John Marshall）订阅了这个版本的《释义》，他和他的妻子玛丽（Mary）希望这个 17 岁的孩子成为一名律师。在参加了 4 年的独立战争之后，约翰·马歇尔开始阅读《释义》，到 27 岁时，他已经读了 4 遍《释义》。后来，他成了美国联邦最高法院法官，他也许是美国历史上最伟大的法官。同样订阅过这个版本的《释义》的著名律师还有威尔逊（James Wilson）、杰伊（John Jay）、格林（Nathaniel Greene）和亚当斯（John Adams）等。〔4〕

当独立战争使耶鲁大学的课程不得不中断的时候，肯特（James Kent）（1763 年—1874 年）自学了《释义》。他后来这样说："这部著作激励了 15 岁的我，我满怀崇敬之情，并决心投身法律。"〔5〕他后来以《释义》为蓝本，以他在哥伦比亚大

---

〔1〕　中译本将此书译为《英国法释要》。

〔2〕　参见［英］爱德蒙·柏克：《美洲三书》，缪哲选译，商务印书馆 2003 年版，第 93~94 页。

〔3〕　See Albert W. Alschuler, "Rediscovering Blackstone", 145 *U. Pa. L. Rev.* 1. 这是从 LexixNexis 数据库中获得的电子版论文，并非影印版，所以没有文章在原来刊物中的具体页码。

〔4〕　See Albert W. Alschuler, "Rediscovering Blackstone", 145 *U. Pa. L. Rev.* 1. 这是从 LexisNexis 数据库中获得的电子版论文，并非影印版，所以没有文章在原来刊物中的具体页码。

〔5〕　See Albert W. Alschuler, "Rediscovering Blackstone", 145 *U. Pa. L. Rev.* 1. 这是从 LexisNexis 数据库中获得的电子版论文，并非影印版，所以没有文章在原来刊物中的具体页码。

学的讲稿为基础，出版了《美国法释义》（*Commentaries on the American law*）（4 卷本，1826 年—1830 年）。这是美国法律史上第一本法律名著，对美国法律的发展产生了巨大影响。

还有一个故事是关于林肯的。在布莱克斯通的《释义》出版至少 65 年之后，林肯一个人要前往美国西部，临行前要精简行李，却花了半美元买下了它。林肯后来说："我其实并不想要这包行李，但这个人非要让我买。"幸运的是，林肯在这包行李中发现了布莱克斯通的《释义》，他自学成了律师，而《释义》中的那些阐释"英国人权利和自由，奴隶制度不应存在于英格兰"的句子也深深印在了他的脑海中。[1]

类似的故事还有许多。有一个有趣的传说是，美国法官只要在马褡裢的两个口袋中分别装上两卷布莱克斯通的书，就可以把英国法完全坐在自己的屁股底下。无论他们去往何处，他们都可以而且也确实随身携带着他们的马褡裢。[2] 我们当然无法穷举这些事例，但从这些有限的叙述中我们可以看到，布莱克斯通的《释义》对于形成和塑造美国的法律家群体起到了突出的作用。[3] 在笔者看来，这一点是相当重要的。[4]

---

　〔1〕 See Albert W. Alschuler, "Rediscovering Blackstone", 145 *U. Pa. L. Rev.* 1. 这是从 LexixNexis 数据库中获得的电子版论文，并非影印版，所以没有文章在原来刊物中的具体页码。

　〔2〕 参见 ［美］卡尔文·伍达德、张志铭：《威廉·布莱克斯通与英美法理学》，载《南京大学法律评论》1996 年第 2 期。

　〔3〕 托克威尔在后来曾经观察了美国法律家群体对于美国社会的功能和发挥的影响。参见 ［法］托克维尔：《论美国的民主》（上卷），董果良译，商务印书馆 1998 年版，第 303 页。

　〔4〕 事实上，布莱克斯通对美国的影响当然不止这一点，在许多重大的问题上，比如权利问题、自然法问题、先例原则，以及许多具体的部门法领域都有相当大的影响。参见 ［美］卡尔文·伍达德、张志铭：《威廉·布莱克斯通与英美法理学》，

当时的美国并不存在像英国那样的律师会馆；美国最早的法学院成立于 1784 年，解散于 1833 年。许多设在大学中的法学院则成立于美国独立战争结束 50 年之后，而且在南北战争之前，其中的大部分法学院学制都只是 1 年。即便哈佛法学院的成立可以追溯到 1817 年，但它的教授职位也是要到 1829 年才设立。再者，美国广阔的地理范围和司法形式的多样性也使法律教育变得更为复杂。[1] 于是，在这样的背景下，布莱克斯通的《释义》就成了某种"民主式的律师会馆"，当布莱克斯通在牛津大学给那些上层的年轻人开设英国法讲座的时候，他一定不会想到，在若干年后的大洋彼岸，无数勤奋而抱负远大的美国年轻人——就像年轻的马歇尔、肯特、林肯那样——将他的《释义》视为法律上的《圣经》，并由此学习了英国法的原理，甚至以此就敢于挂起一个法律执业的招牌。事实上，在 1900 年

（接上页）载《南京大学法律评论》1996 年第 2 期。本书之所以强调布莱克斯通对于美国法律教育和法律职业的影响，并非忽视或者贬低其他方面的影响，而是一方面由于行文重点的要求及篇幅所限，另一方面则是基于笔者的这一判断：其他方面的影响若要发挥作用，总须首先通过特定的法律职业群体来作为某种中介，所谓"理论一经掌握群众，才会变成物质力量"（马克思语）。也正是在这个意义上，在笔者看来，法律教育和法律职业的问题乃是一个国家法治得以建成的最为重要的问题。更何况，《释义》本身就是针对当时英格兰的法律教育的状况而撰写的。

〔1〕　See Daniel. J. Boorstin, *The Mysterious Science of The Law*: *An Essay on Blackstone's Commentaries Showing How Blackstone*, *Employing Eighteenth-century Ideas of Science*, *Religion*, *History*, *aAsthetics*, *and Philosophy*, *Made of the Law at Once a Conservative and a Mysterious Science*, The University of Chicago Press, 1996, the Foreword; Simeon E. Baldwin（1903），"The Study of Elementary Law, The Proper Beginning of a Legal Education'，*The Yale Law Journal*, 13, pp. 2～3. 该文载于莱文（Martin Lyon Levine）编辑的 *Legal Education* 一书中，New York University Press, 1993. 鲍德温在这篇文章中说，在所有传到美国的这些英国法律著作当中，布莱克斯通的《释义》是无论如何都不应该被忽视的著作。关于美国法律职业的发展历程，其中一本经典的著作是 L. Richard, *Abel American Lawyers*, Oxford University Press 1992.

之前，几乎每一个美国律师都或多或少读过布莱克斯通。[1]
Black's Law Dictionary 中有一个词条是"Blackstone lawyer"，它的一个解释就是"尤指美国南北战争前主要通过自学布莱克斯通的《释义》来获得法律训练的律师"。[2]

布尔斯廷甚至这样指出，在美国独立的第一个世纪中，对于那些学习法律的学生来说，布莱克斯通的《释义》不仅是一个学习法律的途径，甚至构成了法律的全部。[3]

三、《释义》成为经典的主客观条件[4]

布莱克斯通的《释义》在英美国家法律人中风靡一时，并

---

〔1〕　See Albert W. Alschuler，"Rediscovering Blackstone"，145 *Univ. of Pennsylvania. Law Rev.* 1；Douglas H. Cook，"Christian Legal Foundations Essay：Sir William Blackstone：A Life and Legacy Set Apart for God's Work，13，*Regent Univ. Law Rev.* ，169. 这篇文章的一个注释还提到，一位学者曾经做过一个统计，在 1789 年至 1915 年报道过的判例当中，引用布莱克斯通《释义》的次数大约为 10 000 次。

〔2〕　*Black's Law Dictionary*，Seventh Edition，West Group 1999，p. 163.

〔3〕　See Daniel. J. Boorstin，*The Mysterious Science of The Law：An Essay on Blackstone's Commentaries Showing How Blackstone*，*Employing Eighteenth-century Ideas of Science*，*Religion*，*History*，*Aesthetics*，*and Philosophy*，*Made of the Law at Once a Conservative and a Mysterious Science*，The University of Chicago Press，1996，p. 3

〔4〕　需要说明的是，我们在这里主要是说明布莱克斯通《释义》为什么广为流传，并且弗一出版即被视为经典。从观察的角度而言，并非一种站在历史上"回溯从前"或者"后知之明"的视角，而只是基于著作本身可以被当时读者注意到的特点来进行说明。我们知道，对布莱克斯通著作意义的阐述可以有许多角度。比如，有学者认为："布莱克斯通的重要地位在于，他在历史上首次对英国判例法中那些粗糙原始和杂乱无章的判例法进行编排整理，而过去，这些判例法还往往因为制定法的介入变得更加混乱……"（参见 ［德］ K. 茨威格特、H. 克茨：《比较法总论》，潘汉典等译，潘汉典校订，贵州人民出版社 1992 年版、第 356~357 页。）比如密尔松指出，布莱克斯通通过向外行人阐释法律的做法，在英国法律史发展的重要转折时期，不仅总结了过去，而且开启了未来。（See S. F. C. Milsom，"*The Nature of Blackstone's Achievement*"，*Studies in The History of the Common Law*，The Hambledon Press，1985.）邓·肯尼迪认为："布莱克斯通的最大成就在于他能将自由主义的政治口号'权利'转化为几千

被视为经典并非偶然。霍尔兹沃思非常细致地总结了《释义》
成为经典的原因。他认为可以分为两个方面：其一是主观方面，
布莱克斯通的知识结构、性格特征以及生活经历等对于写作
《释义》的影响；其二是客观方面，《释义》的具体写作过程，
其材料来源和谋篇组织等。[1]

第一，布莱克斯通的主观方面：

首先是布莱克斯通的知识结构。我们在前面提到过，布莱
克斯通一直对于古典作品有着浓厚的兴趣，对莎士比亚的作品
做过评注，并且还写作诗歌，这其实给他在牛津和伦敦的法律、
历史研究包括撰写《释义》打下了扎实的语言基础（包括拉丁
文基础）。另外，他的知识视野也远远超过了当时大多数英国律
师，他在牛津的时候研习过罗马法、历史和政治理论，在律师
会馆和法庭上又接受了扎实的英国法训练。只要阅读一下他的
《释义》、法律文章以及法庭判决，以及他所引用的权威著作就
可以看出，他不仅阅读了英国历史上各个时期的权威著作、罗
马法文本和关于罗马法的阐释性著作、国际法和法律哲学，而且
还对权威的思想家诸如洛克、孟德斯鸠、伯拉马基、[2]贝卡里亚

（接上页）个普通法规则。"（See Kennedy, "The Structure of Blackstone's Commentar-
ies, 28 *Buffalo Law Review*, 1979；沈宗灵：《现代西方法理学》，北京大学出版社
1992 年版，第 422 页。）在笔者看来，这些关于布莱克斯通的评价虽然相当重要，但
基本上是一种事后的视角，更或者是一种学术的视角，而并非一个以普通读者的眼
光或者《释义》所自然呈现出来的特征。

　　[1]　See William Holdsworth, *A History of English Law*, Vol. XII, London：Sweet and
Maxwell, 1938, pp. 717~727.

　　[2]　伯拉马基·让·雅克（Burlamaqui, Jean Jacques, 1694-1748），瑞士法学
家，日内瓦大学的民法教授及后来的自然法教授，联邦院成员。其主要著作有《自
然法原理》和《政治法原理》。这两部著作影响都很大。他的主要成就是将普芬道
夫的理论整理得有条理和明白易懂。他对布莱克斯通有相当大的影响。参见［英］戴

等人的著作颇有研究。

其次是布莱克斯通的性格特征。他性格中最为突出的特点可以被概括为两个词：一个是"条理性"；另一个是"体系性"。他在公共生活和私人写作方面都体现了这两个特点。布莱克斯通曾经担任过牛津万灵学院的司库和学院地产的管理人。在任职期间，他用法律眼光审查了所有的相关文件，并将它们整理存档。他改正了一些错误，并且提出了一系列建议。他还对一个图书馆进行了很好的整理和完善。此外，他还曾经担任过牛津大学出版社的代表，并在这个职位上做了很有意义的改革。总而言之，我们看到，这些工作在相当程度上都很琐碎，不仅需要很大的耐心，而且对于条理性和体系性有着相当高的要求，而布莱克斯通在每一个职位上都能做得十分出色。而在布莱克斯通的著作当中，我们也同样可以看到这种条理性和体系化的风格。面对在他之前如此众多而散乱的英国法法律材料，倘若没有具有条理性和体系化的头脑，并对历史怀有某种"同情的理解"，以及一种清晰表达的力量，绝无可能撰写出如此全面、清晰、典雅的文字。

最后是布莱克斯通的生活经历。英国法的特点使得仅仅掌握书本知识根本无法撰写一本成功的英国法著作，而布莱克斯并非仅仅熟悉种种书本中的理论，他还深谙法律实务。在相当长的一段时间里他都往返于威斯敏斯特的法院和牛津之间，即便在牛津，他也并非只是沉迷于书本，他同时还担任了牛津大学校长法庭的法官、学院的司库和地产的管理人、出版社的代表，并

（接上页）维·M. 沃克：《牛津法律大辞典》，北京社会与科技发展研究所组织翻译，光明日报出版社 1988 年版，第 118~119 页。

且参与了大学和学院的其他事务。这些不同的职位使他有机会接触到不同的法律部门，并且对于现实有了深入而广泛的了解。而这些经验根本无法从书本中得到。正如梅特兰所说的那样，"法律在生活与逻辑相遇之处"，对于成就一位成功的律师和一本成功的法律著作而言，恰当的生活与逻辑的划分是非常必要的。而布莱克斯通和梅特兰则同时做到了这两个方面。[1]

第二，撰写《释义》的一些客观情况：

假如布莱克斯通写作《释义》的直接目的就是出版并且马上付印，可能不会获得这么大的成功。事实上，《释义》的出版是建立在布莱克斯通长达13年讲座积累的基础上的，并且最终经过了作者非常认真的构思和组织。

首先，就讲座而言，从他为听课的人准备的《英格兰法分析》这部大纲来看，布莱克斯通曾经系统地规划过他的课程。从1753年至1758年，他作为万灵学院的研究员自行开设了这个英国法讲座，1758年他成为第一任瓦伊纳英国法教授之后，在每年的一个学期开设公开的讲座就成了他的职责。不过，他同时还开设了私人性的讲座。事实上，正是这些私人性的讲座构成了《释义》的基础。

其次，从这本书的形成过程来看，由于布莱克斯通的讲座很受欢迎，使得他的讲义四处流传，并纷纷私下买卖，布莱克斯通为了防止可能的盗印和以讹传讹，于是决心自己将其整理出版。而在他整理这些原始材料的过程中，确实也遇到了很大的困难，他不厌其烦地向许多人包括（当时的法官）征求了建

---

〔1〕　对于梅特兰的介绍，参见李红海：《普通法的历史解读——从梅特兰开始》，清华大学出版社2003年版。

议和意见。在这部著作分卷出版之后，他又根据法律的变化和
人们的意见及时作了修订。因此，我们可以看到，布莱克斯通
出版这部著作的过程不仅相当审慎和认真，而且综合了许多人
的智慧。

正是上面这些主客观方面的原因使得《释义》一经出版就
被视为经典。

第二章
布莱克斯通的问题意识以及他面临的困难

1758 年 10 月布莱克斯通在就任瓦伊纳英国法教授时发表了一篇就职演说"关于法律之研习"（On the Study of the Law），后来他不仅单独出版了这篇演说稿，而且还将其作为《英格兰法律分析》第 3 版之后的序言，以及《释义》所有版本的导论的第一部分。[1] 由此可以看出布莱克斯通本人对于这篇演说的重视程度。事实上，从这篇演说中，我们的确也可以看出布莱克斯通在牛津大学开设英国法讲座的原因、性质、任务以及面临的问题。而许多论者也将此作为理解布莱克斯通思想的一个关键文本。

在这篇演讲中，布莱克斯通从阐述法律学习的重要意义开始——对于公民个体而言，他们可以借此更好地保护个人的生命、自由、财产等权利，对于公共生活而言，由于公民可能会担任陪审员，可能去参加议会选举，并且担任国家公职。因此知晓法律能够更好地遵守、保护、改进和实施法律。然后他回顾了英国法律发展历史，包括法律教育发展的历史，指出了大学与以律师会馆为代表的职业法律机构的分离状态，并且分析

---

〔1〕 *Comm.*, Vol. 1, the Introduction.

了法律教育的种种现存问题。他同时告诉学生："他的课程应被视为关于英国法的一幅全景式地图。"[1]他希望通过他的课程能够对于法律教育中的种种问题有所改进。需要注意的是，布莱克斯通演讲中对于听众和读者的称呼主要是"绅士和贵族"。这一称呼一方面反映了当时牛津大学学生的某种构成状况，另一方面也可能反映了布莱克斯通的某种考虑的重点，也即希望通过影响贵族和绅士进而影响整个法律教育甚或公民教育的取向。

　　针对这一演讲，包括《释义》乃至布莱克斯通的动机，学者们的观点大致上可以被分为两个角度：一种观点认为，由于布莱克斯通讲座是开设在牛津大学的，听众主要是法律的门外汉而非真正的律师。因此，他更关心的是贵族和绅士的法律教育，以及更为一般的公民教育，或者他希望将大学的法律教育作为律师会馆法律教育的某种必要的前提性条件。[2]另一种观点则认为，布莱克斯通希望通过大学中的法律教育来间接影响律师会馆中的法律教育，甚至根本性地改变英国法律教育依赖于律师会馆"学徒式"的传统模式。[3]不过，无论哪种观点都

---

　　[1]　*Comm.*，Vol. 1，p. 33.

　　[2]　See P. Lucas，"Blackstone and the Reform of the Legal Profession"，*English Historical Review*，27（1962），pp. 456~489. 中文资料参见［美］列奥·施特劳斯、约瑟夫·克罗波西主编：《政治哲学史》（下），李天然等译，河北人民出版社1993年版，第736页。

　　[3]　See David Lemmings，"Blackstone and Law Reform by Education：Preparation for the Bar and Lawyerly Culture in Eighteenth-century England"，*Law and History Review*，summer，1998. 这篇文章来自Westlaw数据库，因此并无在原来期刊上的具体页码。另外，曼斯菲尔德勋爵长久以来一直也认为英国法应该在大学中讲授，事实上，这可能也是他当初建议布莱克斯通在牛津开设这门英国法讲座的初衷。参见［美］卡尔文·伍达德、张志铭：《威廉·布莱克斯通与英美法理学》，载《南京大学法律评论》1996年第2期；［美］肯尼思·W. 汤普森编：《宪法的政治理论》，张志铭译，生活·读书·新知三联书店1997年版，第74页。

认为布莱克斯通的动机在于改变英国当时的法律教育现状，分歧仅仅在于对布莱克斯通所关心的重点的理解上，而这种分歧事实上也并非那样针锋相对。我们知道，揣测别人的动机和本意也会面临着种种"解释的难题"。[1]从理论上说，即便根据布莱克斯通自己的文本来进行推测，那也很难保证能够深入人的内心。"文如其人"这个词语的存在本身就从另一面揭示了"文章可能会和作者分离"。因此，在笔者看来，对布莱克斯通"问题"的讨论比对他的"动机"的讨论可能更具有操作性，同时也更容易客观化。这也正是本章以"问题"而非"动机"作为主题的原因所在。[2]事实上，当我们对布莱克斯通所面对的问题有了深入了解时，他的动机也会逐步呈现出来，区别只在于我们并没有确凿地给出最终的结论。那么，布莱克斯通当时所面对的法律教育的状况和问题究竟是什么呢？接下去，我们将分几个方面进行讨论。

一、英格兰法律教育的"两种文化"及其起源

"两种文化"这个概念是由著名科学家和作家斯诺最早提出来的，在他的一部同名著作中，他认为随着科学技术的发展，整个西方社会的智力生活已经日益分裂为两个群体，文学知识

---

〔1〕　参见苏力：《解释的难题：对几种法律文本解释方法的追问》，载《中国社会科学》1997年第4期。

〔2〕　在伍达德分析布莱克斯通的文章中，他以"动机"作为标题，在我看来，这一方面和他的文章是一篇演讲有关，也就是说，演讲这种文体常常并不一定需要对每个细节进行解释和廓清，另一方面也在于，在他的文章中，基本上囊括了前面两种不同的理论观点，这也保证了他对动机的分析不至于偏颇。参见［美］卡尔文·伍达德、张志铭：《威廉·布莱克斯通与英美法理学》，载《南京大学法律评论》1996年第2期。

分子和科学家以及他们代表的文化形成两种不同的文化。[1]十分类似的是，长久以来，英国的法律教育也呈现出了这种分裂的状态，即教授罗马天主教会"法律"（即教会法以及作为其基础的罗马法）的大学（主要指剑桥大学和牛津大学）与传授英国普通法的四大律师会馆（Inns of Court)[2]之间形成了某种分离。前者是具有抽象或思辨特点的机构；后者则是一种与困扰普通公民的众多法律问题相联系的纯粹的世俗机构。直到布莱克斯通生活的时代为止，剑桥大学和牛津大学没有开设过关于英国法的任何讲座和课程，但是已经有了罗马法、民法和教会法方面的讲座，而英国普通法一直存在于伦敦四大律师会馆的范围内。而律师会馆培养出来的律师也对大学中涉及法律的各种"学术"或"哲学"的论述表现出了某种冷漠态度。要说明这种情况，我们必须回到历史。事实上，就对英国法的解读而言，历史的方法乃是一个最为根本的方法，许多现象（包括各种概念结构、程序、技术表达方式、特殊风格等）只有在历史中才能够找到它的合理性。英国法是一条绵延不绝的河流，而我们只能从它的源头顺流而下才可能对它稍有认识。

（一）四大律师会馆的法律教育传统和文化

在英格兰，直到公元7世纪为止，法律仍然是以风俗或习惯的形式存在，仅以耳闻口授方式世代相传。[3]公元600年前

---

〔1〕 参见［英］C.P. 斯诺：《两种文化》，纪树立译，生活·读书·新知三联书店1994年版。

〔2〕 也包括预备律师会馆（Inns of Chancery）。

〔3〕 参见［美］格伦顿、戈登、奥萨魁：《比较法律传统》，米健、贺卫方、高鸿钧译，中国政法大学出版社1993年版，第93页。

后，不列颠出现了最早的成文法规。[1]其后在被后人（包括布莱克斯通）经常提及的阿尔弗雷德大帝统治期间，英格兰依然是一个组织松散的国家，法律的样式也大致如前。[2]这种情况在 1066 年诺曼征服之后发生了变化。卡内冈认为，诺曼征服决不仅意味着一个新的王朝又入主了英格兰，或者说剥夺或消灭了一个本土贵族的统治政权，同时还带来了一个新的分裂的社会——一个由法国人和英国人共处的社会。在这里，居主导地位的少数人引进了与占多数的本地民众颇为不同的价值、规则和语言。[3]难怪梅特兰称诺曼征服是"决定了整个英国法律史未来的大事件"。[4]另一方面，在世俗政权之外，教皇和教会的权力也在这片土地上发挥着重要影响，并且与世俗政权展开了权力斗争。[5]事实上，英格兰法，包括法院组织、法律教育、法律职业等正是在这种多元化的政治组织、规则体系、语言形态等复杂的状态中发展起来的。

在和地方势力、贵族以及教会等力量的博弈过程中，威廉

---

〔1〕　据说这与肯特王国埃塞尔伯特国王受奥古斯丁影响皈依基督教有关。尽管约 2 个世纪后比德称新的法律已经"按照罗马人的典范"制定了出来，不过最新的研究显示，比德可能过分夸大了奥古斯丁的影响。然而，无论如何，那个时期的法律已经受到了基督教教义的影响，在某种意义上是基督教精神与日耳曼习惯法相互糅合的产物。See J. H. Baker, *An Introduction to English Legal History*, Fourth edition, Butterworths, 2002, pp. 2~3.

〔2〕　参见［德］K. 茨威格特、H. 克茨：《比较法总论》，潘汉典等译，潘汉典校订，贵州人民出版社 1992 年版，第 335 页。

〔3〕　参见［比］R. C. 范·卡内冈：《英国普通法的诞生》（第 2 版），李红海译，中国政法大学出版社 2003 年版，第 5 页。

〔4〕　See Sir Frederick Pollock & Frederic William Maitland, *The History of English Law——Before the Time of Edward I*, Cambridge University Press, 1923, vol. 1, p. 79.

〔5〕　参见［美］伯尔曼：《法律与革命——西方法律传统的形成》，贺卫方等译，中国大百科全书出版社 1993 年版，第 525 页以下。

一世和他的后继国王们逐渐建立了一种等级森严、整齐划一和组织结构比较简单的封建制以及富有效能的强大王权。[1]这为统一的中央司法开辟了道路。在早期由诺曼人占领的英格兰，正如盎格鲁-撒克逊时期的英格兰一样，并不存在政府职能上的分离。国王及其在御前会议（Curia Regis）[2]中的亲密顾问行使着司法、行政以及立法权力。[3]此后，金雀花王朝的亨利二世在位时期是普通法历史上非常关键的历史时期。在这一时期，亨利二世的司法改革将非常规性从事司法审理的御前会议改变成为常规性处理司法事务的王室法院，令状开始格式化，形成程式诉讼，巡回审理、陪审团审理等司法制度开始定型并常规运作。[4]在与封建领地法庭和地方法庭的竞争中，王室的普通法法庭以其救济充足和迅速的特点逐渐压倒了其他法庭，从而成为英格兰人民寻求解决纠纷的法庭。于是，王室法院成了最为重要的司法机构。由于英格兰既无成文法典，立法活动也不活跃，于是推动法律持续发展的使命就落到了法院身上。由国王创建的法院，以王权为依靠，对全国各地发生的形形色色的

---

〔1〕 参见［德］K. 茨威格特、H. 克茨：《比较法总论》，潘汉典等译，潘汉典校订，贵州人民出版社1992年版，第334页。

〔2〕 关于这个拉丁词语，中译有许多不同的说法，比如《比较法总论》将其译为"御前会议"，《比较法律传统》将其译为"枢密院"，程汉大的《英国法制史》和陈绪刚先生的博士学位论文将其译为"王廷"。笔者在这里选择了"御前会议"这种译法。关于这个机构的含义，可以参见薛波主编：《元照英美法词典》，法律出版社2003年版，第359页。

〔3〕 参见［美］格伦顿、戈登、奥萨魁：《比较法律传统》，米健、贺卫方、高鸿钧译，中国政法大学出版社1993年版，第95页。

〔4〕 See Sir Frederick Pollock & Frederic William Maitland, *The History of English Law——Before the Time of Edward I*, Cambridge University Press, 1923, vol. 1, pp. 181-182.

案件行使审判权，并保持着使其判决得以执行的实力。而所谓的"普通法"或者说为王室法院所施行的共同习惯法也伴随着这一过程逐渐形成。[1]

司法与行政职能的正式分离表明职业司法阶层（也即王室法院的法官）已经形成，但更为一般的律师职业群体并未随着这一过程而自动形成。于是，像今天一样，在王室法院中出现了代理律师（attorney）和代诉律师（pleader，narrator 或 countor）。前者是指那些为当事人提供法律咨询的有经验的业务人员，后者则专门从事出庭口头辩论业务。[2]不过，这离一个独立的职业阶层的形成仍然有相当长的一段距离。贝克指出，所谓"法律职业"需要满足两个条件：一是人们以此谋生；二是存在职业准入制度和职业训诫准则。早在 1200 年—1210 年间，在御前会议的档案中，有一些代诉人的名字便反复出现，这可以算是第一个条件的满足。但直到 13 世纪中期，随着职业规章和职业训诫制度的建立，代理律师这一职业才算发展成形。[3]

在格兰维尔时代，在王室法院的民事诉讼中，每一个当事人都有权委任自己的代理律师。但这种权利还是存在着很大的限制。通过王室令状，某人才能委派自己的代理律师，而这种

---

〔1〕　密尔松教授在他的著作开篇即指出："普通法是在英格兰被诺曼人征服后的几个世纪里，英格兰政府逐步走向中央集权和特殊化的进程中，行政权力全面胜利的一种副产品。"参见 ［英］S. F. C. 密尔松：《普通法的历史基础》，李显冬等译，中国大百科全书出版社 1999 年版，第 3 页。

〔2〕　参见 ［德］K. 茨威格特、H. 克茨：《比较法总论》，潘汉典等译，潘汉典校订，贵州人民出版社 1992 年版，页 349。

〔3〕　See J. H. Baker, *An Introduction to English Legal History*, Fourth edition, Butterworths, 2002, p. 156.

令状则有一定的要求。[1]亨利三世时期，在王室法院涉诉的当事人可以指定代理律师代表他参加诉讼，而无须任何特别的许可状（special licence）。但如果要预先指定一位类似于今天法律顾问角色的一般律师（a general attorney），即在任何可能的诉讼中都可以代表他，则需要从国王处购买许可状。但在那个时代，代理律师（attorney）远远还不构成一个封闭的职业阶层，任何自由守法的人士都有资格作为他人的代理。比如，妻子就可以作为丈夫的代理人出现在法庭上。[2]亨利三世时期还出现了法律职业阶层中的御用大律师（Serjeants-at-Law），他们起初是作为国王的代诉人出现的，后来逐渐成为律师界的领袖人物，独占了民诉法庭的出庭代理权。而他们在法庭上的辩论也被法律学徒们（法庭报道者）记录了下来以供研习。14世纪时，他们组织了一个同业公会（order of serjeants at law）。代理律师和御用大律师尽管对民诉法庭的诉讼事务拥有独占权，但他们对于在其他普通法法庭以及逐渐兴起的衡平法院或其他枢密法庭、初审法庭中的诉讼事务并不享有这种独占权。在都铎王朝，随着这些法庭中新的案件急剧增加，较资深的律师已忙不过来，那些资历稍浅的法律学生开始找到用武之地，不成为御用大律师或代理律师也能谋生。于是，这成了一个新的职业分支，即出庭律师（barrister at law）。[3]出庭律师在王座法庭和财税法庭

〔1〕 See J. H. Baker, *An Introduction to English Legal History*, Fourth edition, Butterworths, 2002, pp. 211~215.

〔2〕 See Frederic W. Maitland, and Francis C. Montague, *A Sketch of English Legal History*, G. P. Putnam's Sons, 1915, pp. 95~96.

〔3〕 See J. H. Baker, *An Introduction to English Legal History*, Fourth edition, Butterworths, 2002, pp. 162~163.

都有出庭辩护的权利，在民诉法庭这个御用大律师独占出庭权利的法庭，出庭律师则有时可以协助御用大律师出庭辩护。1400 年之后，出庭律师获得了在王座法庭出庭辩护的独占权。之后，随着御用大律师这一职业群体的衰落，[1]出庭律师渐渐成了律师阶层的翘楚。

在英格兰，法官和律师具有相当大的同质性。从爱德华一世起，随着司法工作对专业法律知识要求的不断提高，职业法官开始从精通法律知识和司法经验丰富的职业律师中选任。到14 世纪初期，法官必须从职业辩护律师中被任命已经成为一条不成文的习惯，如果任命没有适当法律职业背景的人为法官，会被人当作一件不可思议的事。律师升任法官后，仍保持着原来律师协会的资格。英格兰的法庭只在上午 8 点到 11 点开庭，11 点后法官便回到律师公会，与律师们一起用餐，并通常在餐后一起学习法律或阅读《圣经》。共同的经历、志向、知识结构和组织纽带，把法官和律师两个不同群体像兄弟般紧密联系在一起，组成一个统一的、排他性很强的职业阶层。[2]

起初，国王的侍从和由他们发展起来的王室法院都设在伦敦，他们吸引了许多熟悉法律的人。一开始，这些人主要是教

---

〔1〕 御用大律师的衰落有多方面的因素：其一，民俗法庭本身的衰落。其二，民诉法庭受到来自王座法庭和财税法庭的竞争影响。其三，随着书面诉状越来越多地替代口头辩论，有争议性的诉讼案件越来越多在初审法庭开庭，这无疑损害了御用大律师在民诉法庭的业务地位。而在下级法庭，御用大律师还不得不跟地位较低的律师竞争。其四，在委任为法官方面，他们的独占地位也逐渐被打破。其五，致命打击来自 17 世纪王室大臣通过出售御用大律师头衔来贪污腐化的行为。其六，出庭律师界中的最高荣誉职业阶层皇家大律师（"king's counsel" 或 "queen's counsel"）的兴起使御用大律师阶层渐渐凋零。

〔2〕 参见程汉大主编：《英国法制史》，齐鲁书社 2001 年版，第 115~116 页。

士，后来随着法律知识在教会之外的传播，也包括了世俗人员。事实上，当时的法官和律师都是深受社会欢迎的职业，不仅具有崇高的社会地位，而且收入丰厚。因此，中小贵族（特别是骑士家庭）趋之若鹜。起初，他们通过阅读法规法令和法律著作、帮助诉讼当事人起草常规性法律文书、旁听法庭辩论等方式学习法律基础知识。到 13 世纪后期，一个被称为"法律学徒"（apprentice）的特殊社会集团开始出现。[1]

　　到 14 世纪之前，由于三大普通法法庭和议会都位于伦敦西区，每年议会开会和王室法院的审季开庭都会有大批官员和律师因为工作原因要住进伦敦西郊的大小旅馆。这些旅馆不仅具有起居的功能，而且也是办事的场所。一直到都铎王朝时期，法官和御用大律师都有自己的会馆，那些跟随普通法法庭学习法律的法律学徒就会合租那些法官和御用大律师会馆的空闲房间。与此同时，为方便学习，全国各地的法律学徒也都云集于此，并且自由结合，寄宿于法庭附近的旅馆或酒馆。[2]由此，居住在一起的一批法律学徒便会自发组成许多类似的团体。14世纪中期起，有的会馆里开始有法律讲课和辩论，带有律师教育的性质。同时，在这些会馆里也开始执行某种内部纪律和规则。后来，其中四个会馆脱颖而出，形成了后来著名的四大律师会馆（inns of court），即林肯律师会馆（Lincoln' Inn）、格雷律师会馆（Gray's Inn）、内殿律师会馆（the Inner Temple）、中殿律师会馆（the Middle Temple）。这些会馆均位于伦敦城到威

---

〔1〕 参见程汉大主编：《英国法制史》，齐鲁书社 2001 年版，第 133 页。

〔2〕 See J. H. Baker, *An Introduction to English Legal History*, Fourth edition, Butterworths, 2002, pp. 159~160.

斯敏斯特区的通道上，是前往王室法庭的诉讼当事人的必经之地。内殿律师会馆和中殿律师会馆原来是圣殿骑士团的驻营地，大约在14世纪40年代，这些驻营地开始被出租给律师。后来，这些律师至少在1388年前便已经形成了两个团体：按照会馆所处位置分为两部分，位于伦敦城内的那一部分称为内殿律师会馆，紧靠伦敦城边的那一部分被称为中殿律师会馆。林肯律师会馆和格雷律师会馆原来分别是高级律师托马斯·德·林肯和格雷伯爵的住地，因长期为学徒们租用，后演变为律师会馆。[1]

在四大律师会馆之外，还有一些较小的会馆，直到15世纪中期为止，这些会馆主要接纳那些未能获准进入四大律师会馆的法律学徒以及想学习一些简单程序的法律学生。这些会馆的数量经常浮动，不过大约在1500年前后固定为9个，被方便地称为"预备律师会馆"（inns of chancery）。不过，他们的起源与大法官法庭（即文秘署和后来衡平法院的前身，Chancery）并无直接关联，虽然其中的一些法律学徒的确曾经在大法官法庭待过。在都铎王朝时期，预备律师会馆基本上依附于四大律师会馆，后者派遣一些成员讲授课程并且承担"师父"（landlord）的职责。预备律师会馆里的学生遵循一种教育模式——口头辩论和其他一些立基于令状的训练。不过，这种教育功能在17世纪中期就中止了，而其他的一些功能，比如提供住宿和供一些律师进行交流的社会功能也随着这些会馆的出售在维多利亚时

---

〔1〕　See J. H. Baker, *An Introduction to English Legal History*, Fourth edition, Butterworths, 2002, p. 160；程汉大主编：《英国法制史》，齐鲁书社2001年版，第134~135页。

代结束了。仅有一处中世纪的建筑留存下来，后又经过重建，依然保留了过去预备律师会馆的一些气息。[1]

于是，四大律师会馆和预备律师会馆共同构成了一所以四大律师会馆为主导的法律学院。15世纪时，其规模不小于剑桥大学，而在都铎王朝时期则被称为英格兰的第三所大学。事实上，它能获得这样的称呼的确有很好的理由，因为它如同两所著名大学扮演的角色那样，对试图获得世俗功名的外行人进行培养和教育。事实上，在当时，它们已经垄断性地成了培养律师、法官的场所。

一个法律学生在预备律师会馆学完基础法律知识后，他一般会寻求在四大律师会馆之一被接纳为正式学生（也即获准注册）或"内席律师"（inner barrister）。经过大约7年的实习、阅读、听课、模拟法庭辩论等严格训练，才可能成为"外席律师"（utter barrister），即获得律师资格。"barrister"一词见于15世纪中期的Black Books之中，表示法律学生在模拟法庭中所处的位置或地位。律师会馆的大厅在就餐后有时候会摆成法庭的陈设，法律学生和内席律师就像法庭中的书记员那样，处在围栏里。而外席律师则如同王室法庭中的御用大律师一样，站在围栏外面。"barrister"通常要在律师会馆大厅中的模拟法庭里做一个法律辩论方可毕业。取得出庭律师资格是法律学徒一生的转折点，律师会馆要为其大摆宴席数日，以示庆祝，并举行隆重的资格授予仪式。届时，资格获得者将身穿特制的红色长袍，头戴特制的亚麻布白帽（相当于大学中博士的方顶帽）。学

---

[1] See J. H. Baker, *An Introduction to English Legal History*, Fourth edition, Butterworths, 2002, p. 161.

徒成为出庭律师后，一般首先服务于巡回法庭，然后才进入中央法庭。[1]而有过至少10年执业资历的律师一年有2次机会被挑选就某一法令做一个讲解，之后即可擢升为律师会馆的主管（bencher），即可以在模拟法庭中充当法官角色。主管们在承担讲课任务的时候，即被称为诵讲人（reader）。负责管理整个会馆的事务，包括决定授予律师资格的人选。[2]

　　律师会馆培养法律学徒的方式，与我们设想的大学教育截然不同。律师会馆主要采用诵讲（reading）和模拟法庭辩论（mooting）的形式讲授法律。同时，出席法庭旁听辩论和法官审案也是重要的学习方式。学徒出席法庭主要是旁听法庭辩论，但有时也可以对律师辩词中的法律错误提出批评，早期的《年鉴》中不时出现"外席内席中人所言如何"等字样，而且学徒们的发言经常被作为"有价值的意见"而得到《年鉴》作者的肯定。[3]在夏季和冬季法庭休庭期间，学徒们除了听诵讲人讲课外，主要的学习方式是参加模拟法庭、学习主管和诵讲人为他们编制的阅读材料。关于阅读的材料，除了研读一些案例之外，还常常会涉及一些成文法令的文本——这可能主要是因为诵讲总是需要依赖于一定的成文性材料。诵讲人利用这些材料来详细解说普通法的种种细微之处。[4]

　　不过，上述的诵讲和模拟法庭辩论以及旁听法庭等并不意

〔1〕　参见程汉大主编：《英国法制史》，齐鲁书社2001年版，第137页。

〔2〕　See J. H. Baker, *An Introduction to English Legal History*, Fourth edition, Butterworths, 2002, p. 161.

〔3〕　See Theodore F. T. Plucknett, *A Concise History of the Common Law*, third edition, London：Butterworth & Co. （Publishers）Ltd. 1940, p. 196.

〔4〕　See J. H. Baker, *An Introduction to English Legal History*, Fourth edition, Butterworths, 2002, p. 161.

味着律师会馆为法律学徒提供了一整套系统的法律教育课程和训练。事实上，这里的座右铭是"自助"（self-help），法律学徒在大部分的时间里基本上采取的都是自主性的学习方式。这一方面是由于诵讲人和法官等人平时都有自己的工作，主要利用休庭期或冬季夜间来给学生们讲课、进行指导。[1]另一方面更在于，当时普通法并未形成一整套可以传授的系统知识。早期布拉克顿的《英国法律与习惯》，后期柯克、黑尔的著作等都曾经对法律学徒的学习产生过巨大的影响。

在法律学习之外，律师会馆还致力于塑造学徒们的品格，为他们提供一般性的教育。律师会馆生活的根本宗旨是纪律和自由。在律师会馆兴起的早期，里面不乏吵架、斗殴和暴力行为，主管为了维持纪律而费尽心机。会馆里施行了多种严格的纪律。例如，学徒的胡须不得留至 3 周以上，禁止佩带刀剑出入餐厅，对服装的形式和颜色也加以限制。纪律的执行亦非常严格，如违反规定一次处罚金，两次就要被开除。学徒的家长也期望把孩子送到律师会馆后不仅能学到法律知识，也能使他们受到这种严格的管教。有鉴于此，主管不仅传授知识，也严格教授礼仪举止和上层贵族的行为方式。这样，他们从接受 12 岁、13 岁的少年入学之日起，就代替其家长担负起调教之职。在严格管教的另一面，学徒们又被赋予了极大的自由。作为学徒的义务，只有出席宴会而已。所谓宴会，是主管、诵讲人和学生共聚一堂，边议事边进餐的形式，被称为"定期餐会"。每个学期为 23 天，一年共 4 个学期；学徒一年必须参加 24 次定期

---

〔1〕 参见［日］大木雅夫：《比较法》，范愉译，法律出版社 1999 年版，第 312 页。

餐会（一学期 6 次，一年共 24 次，后来改为大学在读学生一学期参加 3 次宴会即可，即一年须参加 12 次）。除此之外，学生完全是自由的，可以学习其他文化知识，比如历史、雕塑、音乐、戏剧、舞蹈等。据说，莎士比亚《皆大欢喜》一剧的首演便是 1601 年在中殿律师会馆的大厅之中举行的。此外，1602 年这个会馆的学徒甚至创作了《特罗依拉斯与克莱西达》，说明他们在娱乐方面也是第一流的。[1] 事实上，法官、律师和法律学徒们在会馆里一起住宿、一起用餐、一起参加宗教仪式，共同使用本会馆的图书馆，共同弹奏音乐、组织隆重节日活动与戏剧表演，这种生活对于全面塑造一个人而言具有非同寻常的影响。

　　法律会馆的学费非常高昂，能把子弟送进律师会馆的人，只能出身于贵族、绅士等上流家庭。后来对于入学者身份的要求甚至还在规则中作了明确的规定。规定律师会馆的学徒应是"英格兰各地区的最上等或上等绅士之子弟"，而且"应是绅士及至少三代以内为绅士者"。而一位研究布莱克斯通的学者就认为，布莱克斯通写作《释义》的目的就是与维持这种律师会馆的贵族特性密切相关的。[2]

　　通过律师会馆这种法律教育模式，到 15 世纪，英格兰已经形成了相当同质而有活力，且享有权力、尊严和荣誉的法律职业共同体。由于所有的法官都要在律师会馆中讲授课程，并且常常参加诵读。因此，法律会馆绝非脱离实际的"象牙塔"。另

---

　　〔1〕　参见［日］大木雅夫：《比较法》，范愉译，法律出版社 1999 年版，第 313~314 页。

　　〔2〕　See P. Lucas, "Blackstone and the Reform of the Legal Profession", *English Historical Review*, 27（1962），pp. 456~489.

一方面，法官又要从资深优秀律师中进行选拔。这种律师和法官完全融合的状态意味着整个法律职业界形成了共同的学识、价值观念和职业操守。事实上，法律会馆不仅对形成一个具有相当同质性的法律职业共同体有着极大的作用，而且对英国法律自身的发展有着直接的影响。一代又一代的学徒式的训练模式使得英国法在发展的历程中形成了具有内在一致性的体系。通过律师会馆中的诵读，建立了一种哪些先例可以采纳而哪些先例又存有疑问的体系。在某些领域，比如刑法方面，他们发展了一些领先于法庭实践的规则，但是更为基本和普遍的是，他们保留和完善了关于不动产和不动产权益诉讼的业已形成的规则。[1]正是在这个意义上，梅特兰说法学院造就了坚韧的法律。也就是说，法律的形成不仅可以经由立法和司法的具体实践来实现，而且还可以通过教育和塑造法律职业的一般思维方式来实现。因为正是法律教育孕育了未来的立法者和法官。[2]

（二）以大学为代表的法律教育传统和文化

伯尔曼教授在他的鸿篇巨著《法律与革命》一书中将西方法律传统的起源与 11 世纪后半期的格列高利改革联系起来，认为这场他所称的"革命"以及接下来的持续性事件最终导致了教会与世俗两方面的一系列重大变革，并将此作为西方法律传统得以产生的基本因素。在这个过程中，他还对从前法律史学家们过分强调英国法律发展的独特性倾向提出了批评。他强调

---

〔1〕 See J. H. Baker, *An Introduction to English Legal History*, Fourth edition, Butterworths, 2002, pp. 161~162.

〔2〕 See F. W. Maitland, *English Law and the Renaissance* (1901), p. 25, J. H. Baker, *An Introduction to English Legal History*, Fourth edition, Butterworths, 2002, p. 162.

并且用材料证明，在中世纪，英格兰具有与欧洲大陆共同的法律概念、法律原则和法律价值。[1]尽管这种关于西方法律传统发生学意义上的革命性结论以及对英国法的评价尚可商榷，[2]但是就笔者讨论的主题而言，他对于大学法律教育的描述却堪称详尽和具体，也就是说，倘若抛开大学法律教育在价值层面的意义，学者们至少对欧洲当时（包括英国）大学法律教育的事实层面很少提出异议。事实上，无论从大学的起源来说，还是从大学法律教育的具体细节来说，英格兰的牛津大学和剑桥大学与欧洲大陆的大学却并无明显差异。理由也是可以想见的：大学这样的智识性机构，与那些根植于人们生活实践的具体法律制度相比，当然更容易移植；英格兰法律教育的"律师会馆"与"大学"的分野又从结果意义上印证了这一点。

　　大学这种机构实际上是在中世纪被发明的。虽然在古代世界就有高级学校，但它们没有固定的课程或有组织的教职员工，同时它们也不授予学位。中世纪的大学本身起初并不是学者的聚集之地。"大学"一词的本义是一个联合体或行会。实际上，中世纪的所有大学都是教师或学生的联合体，它们像其他行会那样组织起来以保护自己的利益和权利。但是，大学一词逐渐

---

　　〔1〕　参见［美］伯尔曼：《法律与革命——西方法律传统的形成》，贺卫方等译，中国大百科全书出版社 1993 年版，第 576 页以下。

　　〔2〕　比如，凯利教授认为，西方法律传统的根源并非任何一个或一系列的事件，而是在很长的一段时间里汇聚的当时的社会思想潮流和无数人的智识努力和实际参与。See Donald Kelley, *The Human Measure——Social Thought in the Western Legal Tradition*, Harvard University Press, 1900. 事实上，对于这样重大的探讨发生学意义上的问题，出现分歧是很正常的。对人类历史的解释并非如同牛顿对苹果落地的解释那样具有确定性，偶然和必然、渐变和突变等本来就构成了一枚硬币的两面。而学术研究倘若要创新，当然更可能突出某个侧面。类似的还有就资本主义起源问题韦伯、齐美尔、布罗代尔、舍勒、桑巴特等思想大师从不同角度的阐述。

被用来指一种拥有一所文科学校以及一个或更多的从事法律、医学和神学等专门学科教学的院系的教育机构。1200 年左右，波伦亚大学和巴黎大学被视为大学的原型。在意大利各地、西班牙以及法国南部，大学通常都是以波伦亚大学为蓝本建立的，其中学生们自己构成一个委员会。他们雇用教师或者予以罚款。北欧各所大学则以巴黎大学为样板，它们不是学生的行会，而是教师的行会。大学中包括四个系——文科、神学、法律和医学——每个系都以系主任为首。[1]一般认为，牛津大学（包括后来的剑桥大学）是依照巴黎大学的模式建立起来的。[2]不过，需要注意的是，这只是意味着牛津大学采取了类似巴黎大学那样的组织模式和学科设置，[3]而就法律教育的具体讲授方法和性质而言，牛津大学具有迥异于波伦亚大学的法律教育。事实上，当时没有一所欧洲大学的法律教育将当地的习惯法作为它教学的基础。在大学中，人们认为地方习惯法不表达正义，它不是法。在英格兰，其时普通法刚刚开始显露头角。各大学必须讲授地方习惯法以外的其他东西，否则就会成为没有声誉、没有影响、没有办法、讲授诉讼程序的地方性学校。正是为了超过这地方习惯法，为了高于落后而贫乏的习惯，对罗马法的

---

〔1〕 参见〔美〕菲利普·李·拉尔夫等：《世界文明史》（上卷），赵丰等译，商务印书馆 1999 年版，第 628~630 页。

〔2〕 参见〔美〕Clark Kerr：《大学的功用》，陈学飞等译，江西教育出版社 1993 年版，第 7 页。另外，关于牛津大学历史的一个简单介绍，参见 http://www. ox. ac. uk/aboutoxford/history. shtml；关于剑桥大学的历史，参见 http://www. cam. ac. uk/cambuniv/pubs/history/index. html，最后访问日期：2024 年 5 月 20 日。

〔3〕 关于大学的起源以及巴黎大学具体的组织模式和学科设置，参见〔法〕爱弥尔·涂尔干：《教育思想的演进》，李康译，渠东校，上海人民出版社 2006 年版，特别是第一编。关于大学当中知识分子的种种描述，参见〔法〕雅克·勒戈夫：《中世纪的知识分子》，张弘译，卫茂平校，商务印书馆 1996 年版。

学习研究才得以恢复。[1]实际上，从 11 世纪末开始的罗马法复兴运动以及格列高利教会改革的影响是跨国界的。罗马法给全欧洲（包括英格兰）提供了大量基本的法律词汇，而经院主义的方法则是大学法律教育的基本思维和教育模式。而这一点已是英国法律史学界的共识。[2]

就大学法律教育而言，西欧是在 11 世纪晚期和 12 世纪开始将法律作为一门独立的科学予以讲授和研究的。其中零散的司法判决、规则以及制定法都被客观研究，并且依据一般原理和真理而加以解释，整个法律制度均是以这些原理和真理为基础的。而这个过程开始于这样一个偶然的事情：11 世纪末在意大利的一个图书馆里发现了一部古代手稿，这部手稿再现了罗马皇帝查士丁尼统治下编纂的大量法律文件和文献。对于这一抄本，人们以与《旧约全书》中长期失传的一些篇章抄本同样的心情来接受。[3]这一发现具有重要的历史意义，直接影响了其后西欧的法律教育。这次罗马法复兴中最伟大的先驱是伊尔内

―――――――――

〔1〕　参见［法］勒内·达维德：《当代主要法律体系》，漆竹生译，上海译文出版社 1984 年版，第 40 页。

〔2〕　See Sir Frederick Pollock & Frederic William Maitland, *The History of English Law——Before the Time of Edward I*, Cambridge University Press, 1923, Vol. 1, p. 24; Holdsworth, *A History of English Law*, Vol. Ⅱ, Methuen & Co. Ltd., 1923, pp. 127~144. 需要说明的是，我在这里引用的这本霍尔兹沃思著作的第 2 卷，是参照北京大学图书馆中残存的几本霍尔兹沃思著作，与笔者前面引用的第 12 卷并非一个版本，那一套被收藏在中国政法大学图书馆中；Theodore F. T. Plucknett, *A Concise History of the Common Law*, third edition, London: Butterworth & Co. (Publishers) Ltd. 1940, pp. 260~266; J. H. Baker, *An Introduction to English Legal History*, Fourth edition, Butterworths, 2002, pp. 169~170.

〔3〕　参见［美］伯尔曼：《法律与革命——西方法律传统的形成》，贺卫方等译，中国大百科全书出版社 1993 年版，第 143~146 页。

留斯（Irnerius，1055 年—1130 年），他大约于 1087 年起在北意大利的波伦亚开始其教学生涯，并深受赞誉，来自欧洲各地求教于他的学生成群结队。据近代统计：波伦亚大学法律学生的数量在 12 世纪和 13 世纪的任何一个时期都在 1000 人到 10 000 人之间。梅特兰称："在所有的世纪中，12 世纪是最具有法律意味的世纪。"事实上，在西欧的法律史上，没有哪个时代有这么多的知识分子致力于研究和学习法律。[1] 波伦亚的法律教育制度被移植到了欧洲的许多城市，尽管在牛津大学（以及剑桥大学），像波伦亚这样的法律系直到 13 世纪才出现，但是在 12 世纪中期，曾在波伦亚受过训练的瓦卡里乌斯已经在牛津讲授罗马法了。[2]

在波伦亚大学，从一开始所讲授的内容就是查士丁尼时代的法学家们于 6 世纪所汇编的罗马法文本。事实上，法律学校之所以创办似乎首先就是为了研究这种文本。这一手写文本由四部分构成：《法典》《新律》《法学阶梯》《学说汇纂》。而 11 世纪晚期和 12 世纪欧洲法学家的见解决定了他们将所有这些著述都视为一个单一的体系。[3] 12 世纪法律学校的课程设置第一步是阅读《学说汇纂》的原文。教师"朗读—校改—手写"原文的字句，学生们手持他们的（通常是借来的）原文抄本跟随着老师阅读，并作出必要的校改。讲课一词（lecture）意为

---

〔1〕 See Sir Frederick Pollock & Frederic William Maitland, *The History of English Law——Before the Time of Edward I*, Cambridge University Press, 1923, Vol. 1, p. 111.

〔2〕 参见［美］伯尔曼：《法律与革命——西方法律传统的形成》，贺卫方等译，中国大百科全书出版社 1993 年版，第 152 页。

〔3〕 参见［美］伯尔曼：《法律与革命——西方法律传统的形成》，贺卫方等译，中国大百科全书出版社 1993 年版，第 152 页。

"阅读"，就是指这种方式的训练。因为原文十分艰涩，便需要加以解释。因此，读完正文后，教师将逐词逐行地对它加以"注释"（gloss）。由教师所口授的注释由学生记录在正文的行间。如果注释过长，它们便会从行间溢到页边的空白处。不久以后，这些写下的注释便取得了差不多与正文本身同等的权威。[1]正是由于这个原因，伊尔内留斯及其接班人被称为"注释学派"。

除了阅读原文和注释以及通过划分和质疑对它们加以分析之外，波伦亚和其他中世纪法律学校的课程中还包括辩论（disputatio），这是指两个学生在一名教授的引导下，以辩论的形式对某个法律问题的讨论，还包括在教授们和学生们之间所进行的辩论。辩论中的问题总是法律问题，而非实际的或假设的事实问题。[2]其实，在这一点上我们也可以看出与英格兰律师会馆中的模拟法庭的区别。在律师会馆中，不仅要讨论法律问题，同时也会对假设甚至真实的事实问题进行辩论。

就法律教育的教学方法而言，12世纪和13世纪波伦亚和其他欧洲大学采取的是此后被称为"经院主义"的教学方法。这种最初在法律和神学两个领域得到成熟发展的方法是预先假定某些书籍的绝对权威性，它们被认为包含着一种综合性的和完整的体系。另一方面，它也假定文本里可能存在着疏漏和矛盾，因而它将文本的概述、疏漏的填补以及矛盾的解决作为主要的

---

〔1〕　参见［美］伯尔曼：《法律与革命——西方法律传统的形成》，贺卫方等译，中国大百科全书出版社1993年版，第155页。

〔2〕　参见［美］伯尔曼：《法律与革命——西方法律传统的形成》，贺卫方等译，中国大百科全书出版社1993年版，第156页。

任务。[1]不过,这种看似矛盾的"辩证"方法的影响却极为深远。[2]11世纪和12世纪西欧的法学家将希腊的辩证法推向了一个更高的抽象层次。他们试图将法律规则系统化为一个统一的整体——不只是确定具体类别案件的共同要素,而且还将这些规则综合为原则,又将原则本身综合为完整的制度,即法律的体系或法律大全。[3]

随着时间的推移,波伦亚、巴黎、牛津以及其他欧洲大学的法律课程扩大了,包括了比载入《民法大全》的罗马法更多的内容。在12世纪后半期增加的主要新学科是新近发展起来的天主教会的教会法。与罗马法相反,教会法是现时的和通行的法律,它由教皇和宗教会议的敕谕予以充实,由教会法院予以适用。[4]

11世纪、12世纪的罗马法复兴、欧洲大陆法律教育以及在此影响下的英格兰法律教育,使教会法法律职业在英格兰世俗律师职业出现的前一个世纪里得以成形,他们是精通罗马法的

---

〔1〕 参见〔美〕伯尔曼:《法律与革命——西方法律传统的形成》,贺卫方等译,中国大百科全书出版社1993年版,第157页。

〔2〕 在笔者看来,在法学方法论上至少有这样几种影响:第一,这种将文本视为某种综合性和完整的体系的做法在很大程度上与后来所谓的"法律科学"和"法律体系"的方法论密切相关。(参见〔德〕卡尔·拉伦茨:《法学方法论》,陈爱娥译,五南图书出版公司1996年版。)第二,与晚近出现的法律解释学的方法密切相关(参见梁慧星:《民法解释学》,中国政法大学出版社1995年版,第二章。)第三,在很大程度上可以被视为"高级法"思想的某种渊源。(参见〔美〕爱德华·S.考文:《美国宪法的"高级法"背景》,强世功译,生活·读书·新知三联书店1996年版,第46页)。

〔3〕 参见〔美〕伯尔曼:《法律与革命——西方法律传统的形成》,贺卫方等译,中国大百科全书出版社1993年版,第167页。

〔4〕 参见〔美〕伯尔曼:《法律与革命——西方法律传统的形成》,贺卫方等译,中国大百科全书出版社1993年版,第156页。

专家和精通敕谕的专家。他们这些法律专家向当事人收费，构成了一个职业阶层。从那时起直到英格兰宗教改革之前，所有的宗教事务的诉讼都要上诉到罗马教廷那里。另一方面，罗马法也影响了英格兰法律学者撰写著作的风格。比如，布拉克顿的《论英格兰的法律和习惯》，其处理的材料尽管是英格兰法律，但编纂体例和方法则受到了波伦亚阿佐的著作和查士丁尼《学说汇纂》的强烈影响，[1]它是在律师会馆中被学徒们广泛阅读的著作。

不过，需要注意的是，罗马法的复兴乃是一种学术上的复兴，[2]它与解决实际问题的世俗规则并无太多关联。而在英格兰，随着律师会馆法律教育和世俗法律职业的崛起，英格兰大学的法律教育对法律职业的影响日趋式微，其一直保持着某种纯粹学问和研究性质的特点。

不仅如此，伯尔曼还将12世纪大学法律教育所创造的法律科学与近代意义的科学联系了起来。伯尔曼认为，经院派法学家创造了一种法律"科学"，这种科学是近代西方意义上的，而非柏拉图或亚里士多德意义上的。对于柏拉图来说，科学是通过从一般到具体的演绎推理而获得的真理的知识。亚里士多德虽然强调观察和假设的方法，但重点仍在于发现产生某种物质或结论的真正原因。在他看来，科学的最终模式是几何学。不过，近代以来，科学的观念发生了变化，与亚里士多德的科学不同，近代西方科学注重对假设进行系统的阐述，这些假设可

---

〔1〕　See Sir Frederick Pollock & Frederic William Maitland, *The History of English Law——Before the Time of Edward I*, Cambridge University Press, 1923, Vol. 1, p. 207.

〔2〕　参见［英］巴里·尼古拉斯：《罗马法概论》，黄风译，法律出版社2000年版，第46页。

以被作为研究实践领域的现象，并进而能够作为研究概然性和预见性而非确定性和必然性领域现象的基础。而经院主义法学家的科学正是这样一种科学。伯尔曼认为，近代意义的科学可以依据三类标准予以定义：方法论标准、价值标准和社会学标准。他经过具体分析和衡量，认为12世纪西欧法学家的法律科学乃是近代西方科学的先驱。[1]

首先，就法律科学的方法论特征而言，伯尔曼认为近代西方意义上的一门科学可以用方法论术语定义为：①一种完整的知识体系；②在其中各种具体的现象被予以系统的解释；③这种解释要依据一般原则或真理（"定律"）；④这里的知识（包括现象与一般原则两方面的知识）是通过将观察、假设、证明以及最大限度地试验等相结合而获得的；⑤虽然有这些共同的特征，但是调查与系统化的科学方法并不是对于所有的科学而言都是一样的，它们必须与每一种具体的科学所调查的现象事件的具体性质相适应。依据这个标准，伯尔曼认为，11世纪晚期以及12世纪、13世纪包括英格兰在内的欧洲法学家们的学术研究和著述构成了一种法律科学。法学家们将他们研究的判决、规则、习惯、法令、罗马法文本和其他法律材料作为需要依据真理的一般原则和一般概念予以观察、分类和系统解释的材料来对待。这种解释要得到逻辑和经验的两方面的证明。就它们所适用的实在例子被提出、效果被加以衡量而言，这里也包含了某种实验方法。12世纪的法学家们对于科学思想所做贡献的独创性在于他们对与证据相一致的一般原则的构建，也在于他们将这些

---

〔1〕　参见［美］伯尔曼：《法律与革命——西方法律传统的形成》，贺卫方等译，中国大百科全书出版社1993年版，第182~183页。

原则适用于解释证据和从证据中推出新知。他们是第一批不仅对一般原则的有效性进行经验的证明而且对这些原则予以经验地应用的西方学者。[1]

其次，就科学的价值标准而言，伯尔曼认为从事科学事业的人需要遵守一套科学的价值准则，包括客观性、诚实性以及某种开放的心态。针对一般人对法学家这些品格的质疑，伯尔曼最终将科学研究与宗教领域联系了起来。他认为，西方科学首先在宗教领域而非世俗领域出现，因此带有了某种神圣和信仰的色彩。由此，他解决了法律科学价值标准的问题。[2]

最后，就法律科学的社会学标准而言。伯尔曼认为法律科学所独具的特征是它与大学组织之间密切的历史联系：科学在大学中诞生，大学则将教学与研究不稳固的自由这种遗产赠予了科学。不仅如此，法律科学在那个时候诞生还因为当时的社会条件使得大学的诞生成为可能。伯尔曼进一步总结了西方法律科学在其形成时期的主要社会特征：

（1）大学帮助西方法律科学成就了一种跨国家的特征。教会法与罗马法领域中的法律学科同其他学科一样，也是没有国家疆域的学科。它们在大学中被讲授给来自欧洲所有国家的学生们。当然，他们都使用拉丁语，拉丁语不仅在法律方面，而且在教育与学术以及宗教崇拜和神学方面都是西方的通用语言。

（2）除了赋予法律学问一种跨国界的性格之外，欧洲大学还有助于使法律本身具有一种超国家的术语和方法。大学法学

---

〔1〕　参见［美］伯尔曼：《法律与革命——西方法律传统的形成》，贺卫方等译，中国大百科全书出版社1993年版，第183~184页。

〔2〕　参见［美］伯尔曼：《法律与革命——西方法律传统的形成》，贺卫方等译，中国大百科全书出版社1993年版，第188~192页。

院的学生毕业之后返回他们自己国家，或到其他国家。在那些地方，他们充任宗教当局、王室当局以及城市当局的宗教的或世俗的法官、开业律师和法律顾问，另外还充任各种类型的行政官员。在涉及教会法的范围内，他们直接运用在大学中获得的训练。在与世俗法有关的范围内，他们将他们所学过的罗马法和教会法术语与方法运用到其中。

（3）欧洲大学所讲授的法律方法是一种能够在此前存在的分歧和矛盾的习惯和法律之外建立各种法律体系的方法。是一种协调矛盾的技术，连同对一种理想法律体系或一种法律原则的完整结构的信仰，使得人们可以在对教会法加以综合之后，再综合封建法、城市法、商法以及皇家法。

（4）大学提高了学者——也就是科学家——在塑造法律中的作用。法律最初是在古代文献中被发现的，因此便需要一个能够为那些希望探索其中奥秘的人们解释这些文本的学者阶层。博士，即法律教师，便成了"真正的规则"的解说者。这也赋予了法律科学以一种有助于克服法律中的矛盾的普遍性。

（5）法律与其他法学学科——尤其是神学、医学以及文科——的并置也有助于拓宽法律研究领域。否则，这样的广度是不会有的。

（6）虽然法律与大学其他学科有联系，但同时也与它们相分离、相区别。它不再像大学兴起之前那样，或者是修辞学的一个分支，或者是伦理学和政治学的一个分支。此时，它已经获得了某种自治，而这种自治则是由大学维护的。

（7）法律被作为一门大学学科讲授这一事实不可避免地引出了这样的结果，即各种法律学说应当根据一般真理予以批评和估价，而不仅被作为一种工艺或技术来加以学习。

（8）将法律制度概念化，将法律系统化，使其成为融合的知识体系。在这样的体系中，法律规则的有效性可以通过它们与整个制度的一致性来展现出来。通过这样的过程，西方大学将法律分析提高到一门科学——依照12世纪至15世纪人们对这个词所理解的含义——的水平。

（9）大学催生出了一个职业法律家阶层，这些法律家由于共同的训练、参加某种共同的法律活动而联系在了一起。

（三）律师会馆教育模式与大学教育模式对立的原因

行文至此，我们已经大致说明了律师会馆与大学这两种法律教育模式在历史上是如何形成的、其组织形式和教育方法等有何差异？我们看到，从11世纪晚期开始的罗马法复兴运动的力量非常强大，其影响席卷了整个欧洲，英格兰也未能例外。12世纪中叶，德国当时几乎尚不知罗马法为何物，而在英国的牛津或剑桥却有来自波伦亚的教师瓦卡里乌斯（Vacarius）教授罗马法。由教会法院适用的罗马-教会法，在第一位诺曼国王统治时期的英格兰就适用于婚姻事务和动产继承领域。布拉克顿曾是一名僧侣，他通晓罗马法，但是只在土生土长的法律材料的分类和整理必需的范围内，他才使用罗马法的某些概念和思想方法。最后，在大法官的衡平法实践中，我们也可以发现罗马法的影响。在16世纪之前，大法官的职位一直由僧侣担任，他们仿照教会法的模式，在衡平法院采用了纠问式诉讼程序。而在商法和海商法领域，罗马法的影响则更大。[1]但是，英格

---

〔1〕 参见［德］K.茨威格特、H.克茨：《比较法总论》，潘汉典等译，潘汉典校订，贵州人民出版社1992年版，第353~354页。

兰最终还是没有全面接受罗马法，而承担法律教育职能的两个机构——律师会馆和大学——之间长期以来是互相隔绝的，律师会馆的法律学徒们研习普通法，而大学中的学生则将罗马法和教会法当作某种学问和科学来研究。

贝克指出，普通法之所以呈现出某种不规则状态，主要是因为它未能得到某种全面而系统的讲授。[1]另一方面，罗马法虽然在英格兰比较早地被了解和在大学中讲授，但却一直没有在王室法院的实践中立足。

布莱克斯通在解释这个原因的时候，首先引述了约翰·福蒂斯丘爵士的理由。福蒂斯丘爵士认为，语言问题是其中的关键，即普通法的程序运作需要三种语言（英语、拉丁语、法语），而在大学中所有的学科都用拉丁语授课。[2]布莱克斯通认为这个理由并不充分，于是他如同我们刚才讨论的那样先追溯了一下历史情形，然后得出了几条结论：首先，普通法长期以来形成的规则和习惯对于大学教育而言显得有些格格不入；其次，基于抽象逻辑和理性的罗马法，不似基于实际需要产生的普通法那样，其价值更容易被教育青年人的大学法律教师所发现和认可。不过，布莱克斯通认为最为关键的原因则在于二者是沿着不同的轨迹前进的，而普通法在律师会馆中得到了发展。[3]

的确，就牛津大学和剑桥大学而言，它们并没有什么理由将律师会馆所进行的训练囊括在它们的教学项目中。只有那些外来的课程（如法律史、法理学、罗马法和教会法等）才被视

---

[1] See J. H. Baker, *An Introduction to English Legal History*, Fourth edition, Butterworths, 2002, p. 170.

[2] *Comm.*, Vol. 1, p. 15.

[3] *Comm.*, Vol. 1, pp. 15~20.

为人文科学以及法律教育的一部分，由大学加以规定。后来，
大学曾试图在其法律教育中为律师训练设一席之地，却被律师
会馆的主管们执拗地拒绝了。像其他行会的师父们一样，律师
会馆的主管们深恐更为系统和合理的训练将从他们那里夺去某
种垄断的利益。事实上，普通法的一些复杂而花费高昂的程序
正是通过律师会馆才保留下来的。[1]同时，以罗马法为基础的
大学教育虽然能够有助于掌握一起案件的正确处理方法，但并
不能保证胜诉，[2]因为法律诉讼中的复杂程序只有在律师会馆
中才能学到手。

　　而就律师会馆而言，律师会馆中的主管和诵讲人既非大学
教授，也非为法律作注释的法学家，而是现任法官和律师。这
些人的教学与法院工作密切相连。学徒训练和学习的是一门技
艺而非一门科学，就其性质而言，这是一种保守的方法。他们
形成了严密的组织结构、较强的职业内聚力和政治影响力，致
力于维护普通法，为了原则，也为了利益。而他们又靠近王室
法院而远离大学，并且在排斥罗马法方面与法庭有着共同的利
益。同时，他们有意识地在议会背后施加影响，而议会常常是
那个时代最后斗争中的胜利者。在同专制王权的斗争中，普通
法成了议会政党手中的强大武器，因为普通法在长期的历史发
展中形成了某种韧性。其繁琐和形式主义的技术使得自身能够

---

　　〔1〕　参见［美〕H. W. 埃尔曼：《比较法律文化》，贺卫方、高鸿钧译，清华
大学出版社2002年版，第102~103页。
　　〔2〕　参见［法〕勒内·达维德：《当代主要法律体系》，漆竹生译，上海译文
出版社1984年版，第305页。

顽强地抵制住来自上级的进攻。[1]而律师会馆成功地排斥了罗马法便也在相当程度上排斥了大学法律教育的影响。

韦伯从两种法律教育思维方式的内在不同分析了产生这种对立状态的原因：

韦伯指出，法律教育和培训有两种不同的路线，一种是将法律作为工艺的经验性路线，这是一种在法律实践中师徒式的训练方式，第二种是在特殊的法律学校里教授法律，按照这种方式，重点是法律理论和"科学"，即以理性和系统的方式分析法律现象。[2]简单说来，韦伯认为，前者是一种"技艺"或"技能"，而后者则是一种"科学"。关于英国式的律师会馆教育模式，韦伯认为，这种教育模式会导致较为形式主义地对待法律。训练是纯粹经验性和实践性的，严格遵循先例。他认为，律师工匠式的专门化不仅妨碍了对整个法律的系统性和彻底研究，而且法律实践根本不是以理性的制度为宗旨的，而是唯当事人的利益为上。结果就形成了欧洲大陆所称的"预防性法学"，依靠这种预防性法学的实践和态度不可能产生理性的法律制度，甚至也不可能使法律获得合理的系统化。这种法学所产生出来的思想是同形式表现的——具体的、可以辨认的和当时日常发生的——事实情况相联系的，区分事实情况的原则决定于外部因素。如果需要扩展这些思想，则通过已经指出的方法来实现。这些思想不是通过从个别中进行抽象、通过一般概括

---

〔1〕 参见 〔德〕 K. 茨威格特、H. 克茨：《比较法总论》，潘汉典等译，潘汉典校订，贵州人民出版社 1992 年版，第 355 页。

〔2〕 参见 〔德〕 马克斯·韦伯：《论经济与社会中的法律》，张乃根译，中国大百科全书出版社 1998 年版，第 198 页。

和归类的逻辑过程形成一般概念，然后以演绎推理的规范形式加以适用。当时，法律的实践和教授是纯经验式的，法律思想总是从个别到个别，而绝不会试图从个别案件中归纳出一般原则，再从这些原则中推导出个别案件的判决。与此相反，法律思想无法摆脱文字樊笼按照当时需要的指令适用、解释和向四面八方扩张解释法律词语。如果认为这仍不够用，则求助于类推和技术性的拟制。不过，如果诉讼人的实际需要所要求的契约种类和诉讼形式具有足够的弹性，则不能在实体法方面保持古老的特征并在外形上保持不变，而不论经济领域发生多大的变化……但在这种情况下，不可能产生合理的法律教育和法学理论。因为当时的法律实务者（特别是出庭律师）控制着法律教育并对律师的接收实行行会式的垄断，经济方面的因素即对收费的关心变得十分重要并有助于实体法的稳定。这就确保了人们能够继续以纯经验式的方式适用法律，并阻止通过立法和法学将法律合理化。对传统法律程序的任何攻击都构成对实务者物质利益的威胁，因为他们一方面控制着各种契约和诉讼与形式规范的关系，另一方面又控制着各种契约及诉讼与诉讼人需要的关系。[1]而关于大学法律教育模式，韦伯认为，由此产生的法律概念具有抽象规范的特点。这种理性和系统的特点，以及较低程度的具体性很容易使法律思想从日常需求中被解放出来。纯粹逻辑性的法律理论的力量得以释放，由理论主宰的法律实践在很大程度上减弱了法律形成过程中实践所起到的作

---

〔1〕　参见［德］马克斯·韦伯：《论经济与社会中的法律》，张乃根译，中国大百科全书出版社 1998 年版，第 199~201 页；［德］马克斯·韦伯：《经济与社会》，转引自［德］K. 茨威格特、H. 克茨：《比较法总论》，潘汉典等译，潘汉典校订，贵州人民出版社 1992 年版，第 352 页。

用。[1]

我们看到，尽管韦伯在分析这两种法律教育模式时是以某种"形式合理性"的法律为参照系的，但是他的观察却非常准确而深刻。韦伯注意到了二者在思维模式上的不同，同时也认为垄断性这一特点是造成律师会馆和大学法律教育直接对立的基本原因。

问题在于，大学法律教育和律师会馆法律教育在事实上的隔绝以及这种隔绝的种种原因是否意味着：普通法根本不可能在大学中得到讲授，或者对于普通法的学习根本无法脱离律师会馆这个特定的场所？因为从理论上讲，从历史经验中并不能够顺理成章地推导出未来，而既定的事实也并不能够完全代替逻辑上的可能性。

在笔者看来，上面这个问题可以被进一步细化为以下两个问题：

第一，律师会馆中法律学徒学习的材料，或者说普通法是什么性质的、是否是可以传授的，还是只能通过自己的亲身实践和"默会"来领悟？指出这一点是有意义的。例如，游泳者无论知晓多少游泳的原理和规则，看了多少别人的示范，但是倘若不经过自己亲自下水练习，通常很难学会。波兰尼指出，一门本领中的规则可以是有用的，但这些规则并不决定一门本领的实践，在一门技艺之中，不仅包含着可以言说的内容，也包括着不可言说的内容。波兰尼还指出，一种无法详细言传的技艺不能通过规定被流传下去，因为这样的规定并不存在。它

---

〔1〕 参见 ［德］马克斯·韦伯：《论经济与社会中的法律》，张乃根译，中国大百科全书出版社 1998 年版，第 202 页。

只能通过师父教徒弟这样的示范方式流传下去。[1]于是问题就来了，律师会馆中传授的普通法究竟是不是不可言说的内容？或者说，当我们说普通法是一种技艺的时候，它又在多大程度上等同于古代景德镇瓷器作坊中的瓷器活儿？或者换个角度而言，律师会馆中训练法律学徒所讲授的方法是否可以系统化和科学化？或者说，普通法是否能够被以一种系统化和科学化的方式呈现在法律学生面前？

第二，刚才我们讨论了，律师会馆法律教育模式是和它的某种垄断地位紧密联系在一起的。问题是，当这种垄断地位或者外在条件有所变化的时候，普通法的法律教育模式是否也会随之发生相应的变化？

事实上，在笔者看来，布莱克斯通的动机和问题意识只有在英格兰法律教育的"两种文化"的背景下，只有在对这样两个问题的提问和回应中才能够得到理解。上面第一个问题是布莱克斯通事业所直接针对的对象，而第二个问题则是促使其行动的外在诱因。我们首先讨论第二个问题，也就是说，我们将具体讨论在布莱克斯通的时代，律师会馆法律教育的具体状况是什么、究竟是否发生了变化，如果发生了，又是些什么变化。因为我们前面只是从大的背景说明了法律教育两种模式的历史由来，而对布莱克斯通时代的情况则并未进行仔细讨论。

---

[1] 参见［英］迈克尔·波兰尼：《个人知识——迈向后批判哲学》，许泽民译，陈维政校，贵州人民出版社2000年版，第73~74，78~79页。

二、布莱克斯通时代法律教育的问题

在前面我们已经提到，普通法在其产生和形成的过程中，其主要的构成内容是习惯法。[1]而其着重点在于解决具体的、现实的问题。同时，在这种强调实践性的基础上逐渐形成了律师会馆式样的法律教育制度。一个法律学徒要成为一个出庭律师，首先需要进入预备律师会馆学习一些初步的令状制度，然后再进入四大律师会馆接受训练。这已经成了某种不成文的严格准则。不过，到布莱克斯通的时代为止，在出庭律师之外，代理律师阶层（包括 "solicitor" 和 "attorney"）也已渐渐崛起，[2]他们当中的绝大多数都并未进入过四大律师会馆。而席卷欧洲的理性、科学的启蒙思潮也影响到了英国，这使得神秘、刻板和享有垄断利益的律师会馆越来越显得有些另类并广受非议。不仅如此，律师会馆在培育出庭律师的固有教育功能上也

---

〔1〕 参见［英］S. F. C. 密尔松：《普通法的历史基础》，李显冬等译，中国大百科全书出版社 1999 年版，第 4 页。

〔2〕 笔者在前面提到过，代理律师构成了现代英国律师职业的另一个分支。15 世纪时，"solicitor" 一词开始出现，这是指那些为诉讼当事人提供一般咨询意见，帮助当事人寻找合适的代理律师和寻求合适管辖法院的人。这些人并非固定的一群人，他们可能是年轻的出庭律师，也可能是民诉法庭的代理律师。他们在衡平法院或其他特权法院办理案件时是作为 "solicitor" 出现的。正是因为这类代理律师出身庞杂，其资历和法律训练参差不齐。普通法的法官们在星室法庭的协助下，曾在1590 年至 1630 年间打击这些代理律师，但未能获得成功。法官们想使年轻的出庭律师承担代理律师的事务，但整个出庭律师阶层那时显得事务非常繁多，他们在准备法庭辩论、提交法律意见和其他庭审事务方面耗费了大部分精力。因此，他们也有内在的理由让 "solicitor" 去从事一些其他事务。于是，到了 17 世纪，"solicitor" 已经形成了一个单独的律师职业阶层。后来，随着衡平法院法律业务的增多，其重要性也在逐渐增长。See J. H. Baker, *An Introduction to English Legal History*, Fourth edition, Butterworths, 2002, pp. 163~164；Theodore F. T. Plucknett, *A Concise History of the Common Law*, third edition, London：Butterworth & Co. (Publishers) Ltd., 1940, pp. 204~206.

暴露出了不少问题。布莱克斯通自己就承认律师会馆这种模式使法律学徒仅仅关注一己之利，训练方式单调而冗长，[1] 而且对于法律学徒修养和学业进行督促的种种制度并未得到落实。[2] 下面，我们将对这些外在和内在的问题进行详细讨论。

我们知道，普通法在发展过程中曾经受到过人们许多夸赞、辩护甚至崇拜，像我们熟知的柯克大法官与詹姆士一世之间的对话，还有约翰·福蒂斯丘爵士的《英国法礼赞》都是其中的经典篇章。在他们眼中，普通法不仅支持了英国的繁荣，维护了自由和平等，而且具有内在的理性。不过，这些辩护者通常自己就是出庭律师和法官。这种"身在此山中"的内部视角的辩护并不能够完全消除外界对普通法、出庭律师以及律师会馆教育模式的种种批评。到了布莱克斯通的时代，这些批评来自各个方面和各种角度，不过最终都集中于这一点：普通法的神秘性、非体系性，以律师会馆模式为代表的普通法法律职业的封闭性、垄断性，以及由此产生的对公众利益的漠视。当时有一位来往于英格兰和美洲之间并且参与过两地诉讼的商人曾经对两地的律师作过对比，认为英格兰的出庭律师不仅高高在上，而且收费高昂。[3] 当然，来自公众的批评并非仅仅针对出庭律师。事实上，由于代理律师和当事人接触的机会更多，其水平也是参差不齐，因而所受的抱怨和批评也更多。而与此同时，各种法院和法官也成了公众批评的对象。

---

[1]　*Comm.*, Vol. 1, p. 30.

[2]　*Comm.*, Vol. 1, p. 25.

[3]　See David Lemmings, "Blackstone and Law Reform by Education: Preparation for the Bar and Lawyerly Culture in Eighteenth-century England", *Law and History Review*, Summer, 1998.

我们知道，对律师和法院的抱怨和批评从一开始就会存在，公众的视角毕竟有别于律师。一个极端的例子是莎士比亚在《亨利六世》一剧中的名言："我们要做的第一件事，就是杀掉所有的律师。"而在 18 世纪，英格兰法律职业备受抱怨和批评至少有这样几条特别的理由：

首先，在这一时期英格兰各地崛起的中产阶层（特别是零售商和制造业主）构成了乔治王朝经济增长的主要消费群体，而他们对于日益增长的诉讼费用和复杂的法律程序越来越感到不满。许多人在遇到财产权纠纷的时候，常常会选择放弃他们的权利，其中的一些人是因为不相信在法院中会获得公正的救济，而另一些人则是不愿承担高昂的费用。这种对法律的不信任感使相当数量的人们不愿扩大投资和生产规模，以规避交易中可能的风险。

其次，由于这一时期的制定法大量出现，导致对法律制度的不满有相当大的成分来自对于制定法的不满，而这事实上更主要是针对立法者，而非具体的法官和法律大臣。不过，由于律师和法官与当事人直接接触，导致一些批评也会与他们联系起来。比如布莱克斯通就认为，18 世纪许多制定法的出现对普通法内在的匀称性和一致性有着很大的伤害。[1]立法产生了严重的后果，对于古老和普通法传统而言，完全是一种堕落，议会的这种任意的立法权力催生了一种新的专制，而在那些陪审员参与的案件中倘若错误适用这些制定法，则会伤害到英国人长久以来拥有的正义观念和特权。[2]

最后，这一时期媒体的发展使得某种公共领域得以形成。

---

〔1〕 *Comm.*, Vol., 1, p. 10.
〔2〕 *Comm.*, Vol., 3, p. 82.

哈贝马斯指出，具有政治功能的公共领域首先是在 18 世纪初的英国出现的。有一些社会势力为了影响当局的决策，求助于拥有一定批判意识的公众，以使自己的要求得到这个新论坛的认可。[1]而种种批评意见，包括对法律制度和法律职业的批评则顺理成章地成了媒体的报道内容。另一方面，与过去的时代相比，中产阶级人数及其特殊重要性的增长、中产阶级教育水平的提高，以及中产阶级妇女社会角色的变化导致了 18 世纪英国读者群的扩大。与过去的时代相比，这是书籍和报刊读者绝对人数大大增加的时期。[2]

　　不过，我们谈到的普通法以及法律职业的境况基本上是某种"后见之明"，并且是某种"长时段"宏观和概括的情景。而对于具体的忙碌的出庭律师、法官个体而言，对于布莱克斯通自身而言，很难获得我们今天回溯历史的视角。对于他们而言，更能够引起他们注意的或许是与自己的业务和工作直接相关的一些情形。比如，他们很难不去注意进入律师会馆的法律学徒在减少而自己的业务量也在缩减的事实。这就需要我们采取某种"短时段"和"社会学家"的视角，进入对某种具体的事实的考察。[3]有学者的研究表明，普通法的所有主要法律业

----

　　〔1〕　参见 [德] 哈贝马斯：《公共领域的结构转型》，曹卫东等译，学林出版社 1999 年版，第 68 页。

　　〔2〕　参见 [美] 刘易斯·科塞：《理念人——一项社会学的考察》，郭方等译，中央编译出版社 2001 年版，第 40~41 页。关于英国 18 世纪知识界的情形，可以参见该书第三章至第五章。

　　〔3〕　关于历史的长时段，历史学家与社会学家的视角存在区分，这是年鉴学派大师布罗代尔在方法论上的贡献。参见 [法] 费尔南·布罗代尔：《长时段：历史和社会科学》，载 [法] 费尔南·布罗代尔：《资本主义论丛》，顾良、张惠君译，中央编译出版社 1997 年版，第 173 页以下。

务数量在 1680 年以后发生了急剧锐减的情形，而到 1750 年左右
则到达了最低谷。此时的王室法院和皇家民事法庭听审案件的数
量仅仅相当于 1670 年的 1/6。而衡平法院的业务量也在锐减，
1752 年的业务量大约相当于 1700 年的 1/5。因此可以说，这段时
期，出庭律师的主要业务在大大缩减。[1]与此同时，律师会馆录
取的法律学徒的数目也处于 1600 年—1800 年间的最低点，而获
得律师资格的人数也从 18 世纪初的每年平均 45 人下降到了 18
世纪 60 年代的每年平均 24 人。[2]事实上，布莱克斯通也观察
到，那些想进入预备律师会馆和四大律师会馆学习的年轻人
（尤其是贵族阶层）的数目相比于柯克时代可谓锐减。[3]总而
言之，无论从哪个角度而言，我们都有理由推断，在 1750 年前
后，英格兰律师界的处境并不尽如人意。

如果说利明斯（Lemmings）的研究侧重于律师会馆接纳法
律学徒的数量在锐减，那么卢卡斯（Lucas）的研究则将着重点
放在了进入律师会馆的法律学徒的"质"的一面上，即法律学
徒是否出身贵族或绅士。他的研究表明：18 世纪英格兰的绅士
们不仅疏于掌握法律知识，而且对法律学习持有某种明显的敌
视态度。[4]进入律师会馆以及获取律师资格的贵族数量明显减

---

〔1〕 See Brooks, "Interpersonal Conflict", 361～364, David Lemmings, "Blackstone and Law Reform by Education: Preparation for the Bar and Lawyerly Culture in Eighteenth-century England", *Law and History Review*, Summer, 1998.

〔2〕 See Brooks, "Interpersonal Conflict", 361～364, David Lemmings, "Blackstone and Law Reform by Education: Preparation for the Bar and Lawyerly Culture in Eighteenth-century England", *Law and History Review*, Summer, 1998.

〔3〕 *Comm.*, Vol. 1, p. 25.

〔4〕 See P. Lucas, "Blackstone and the Reform of the Legal Profession", *English Historical Review*, 27（1962）, p. 459.

少，而在英格兰的议会当中，18世纪受过正式法律教育的议员比例要低于他们的祖父或曾祖父辈，受过律师会馆训练的议员比例低于过去，而上过牛津或剑桥的议员比例则有所增加。这说明律师会馆的重要性在下降。[1]利明斯认为，贵族更应该进入律师会馆学习法律。原因主要有两个：第一是由于拥有财富和地位的贵族律师不会贪污，也不会为了一己之利而好讼；第二是由于律师会馆学费的高昂，以及长子继承制的存在，穷人的孩子倘若要进入律师会馆学习法律，势必会对幼小子女的生计产生影响。[2]事实上，由于布莱克斯通讲座的对象也主要是贵族和绅士阶层，所以利明斯提供的事实也从另一个侧面说明了布莱克斯通的问题意识。

因此，布莱克斯通在牛津开设讲座的时间绝非偶然，这一年是1753年，正处于英格兰律师业的低谷。1758年他发表瓦伊纳讲座教授就职演讲的时候，批评律师们缺乏一种"法治精神和正义之自然基础"，而学生们则"屡屡出错"。他一定意识到了律师职业已远远不似往日辉煌，而律师会馆中结业的出庭律师则越来越少。[3]另一方面，在这个国家肩负特殊使命的贵族和绅士阶层却并不那么热心学习法律，同时，律师业的这种萧条又处在公众舆论批评的环境之中。因此，当布莱克斯通在牛津大学讲课的时候，他一定对律师会馆的训练方式有所不满，也一定心系法律职业的未来。

---

〔1〕 See P. Lucas, "Blackstone and the Reform of the Legal Profession", *English Historical Review*, 27 (1962), p. 463.

〔2〕 See P. Lucas, "Blackstone and the Reform of the Legal Profession", *English Historical Review*, 27 (1962), p. 468.

〔3〕 *Comm.*, Vol. 1, pp. 31~32.

我们在前面讨论了律师会馆与大学形成的两种法律教育模式之间的隔膜和对立。不过，需要注意的是，这种对立只是两种体制之间的对立，只是由于历史的原因使得两个场所所讲授的课程和授课方式不同。这种对立固然可能导致两种机构之间的漠视，但并不意味着只要进入了其中一种场所，便不可以再进入另外的机构进行学习。事实上，由于这两种机构对各自所讲授的内容拥有某种垄断的地位，一个青年倘若对二者都感兴趣，读完大学再去上律师会馆乃是常见的情形。另一方面，由于两种教育模式讲授的内容和方式并不相同，大学除了讲授罗马法和教会法之外，还会讲授其他人文学科，其教育理念是某种"通才教育"思想。而律师会馆则侧重训练普通法方面的知识和技能，其教育理想实质上乃是"职业训练"。因此，某种意义上这两种教育机构又可以起到互相补充的作用。就进入律师会馆的学徒是否事先接受过大学教育的比例而言，实际上存在着一个逐渐增长的轨迹。

我们在前面提到，在都铎王朝的时候，四大律师会馆被称为英格兰的第三所大学。爱德华六世在位时，许多青年贵族和绅士都聚集在这里研修法律。甚至到了 16 世纪七八十年代，四大律师会馆的学徒人数一度超过了两所老牌大学中的学生。[1]这种律师会馆的极盛局面一方面当然主要与社会的巨大需求、出庭律师职业的财富、地位和影响力等有关，[2]另一方面也与大学教

---

〔1〕 参见阎照祥：《英国贵族史》，人民出版社 2000 年版，第 194 页。

〔2〕 随着中世纪的结束，整个英格兰的经济和社会更紧密地联系在一起，越来越成为一个统一的市场。英格兰和苏格兰的合并也日益显现出民族国家的面貌。殖民扩张和海外贸易、工商业的繁荣、种种利益的冲突，整个社会比过去变得更为复杂和多样。因此产生了对法律的巨大需求。See Wilfrid. R. . Prest, *The Rise of the Barristers——A Social History of the English Bar* 1590~1640, Clarendon Press, 1986, pp. 5~6.

育的实际状况有关。

15 世纪至 17 世纪的英国正处在文艺复兴的鼎盛时期和革命的酝酿与发生时代，社会教育和文化有了较大变化。站在文化阵地前沿的人文主义者呼吁提高上层阶层的文化素质，大学教育课程和方式得到改革，上层阶层多数青少年子弟进入大学读书，接受比较系统、正规的学校教育。直到 16 世纪前期，仍有人把大学当作"平庸之辈"为以后谋生而无奈进入的学堂。16 世纪中叶以后，先有一些乡绅的儿子把进入大学当作时髦，而后贵族子弟接踵而至，但他们多是次子、幼子，其中一部分人学习宗教课程，以便以后谋生。斯图亚特王朝建立以来，多数贵族乡绅均把接受大学教育作为完善自身增强从政能力的必由之路。政府部门和议会中接受过大学教育的比例迅速增加。[1] 而在这种教育思潮的影响下，伊丽莎白和斯图亚特时期的许多出庭律师都曾经进入过牛津或剑桥读书。而乔治王朝的出庭律师也大致如此。在他们的青少年时期，他们在大学中不仅学习语言、哲学，而且学习其他文科学士所需的课程。[2] 一份材料选取的样本显示：1719 年—1721 年，大约有一半的出庭律师读过大学，而在 1769 年—1771 年这一比例大约是 60%。[3] 1762 年，律师会馆将获取律师资格的学徒期限缩短到了 5 年，并且

---

〔1〕 参见阎照祥：《英国贵族史》，人民出版社 2000 年版，第 190~194 页。

〔2〕 See David Lemmings, "Blackstone and Law Reform by Education: Preparation for the Bar and Lawyerly Culture in Eighteenth-century England", *Law and History Review*, Summer, 1998.

〔3〕 See J. Cannon, *Aristocratic Century: The Peerage of Eighteenth-Century England*, Cambridge, 1984, p. 45 (table 7), David Lemmings, "Blackstone and Law Reform by Education: Preparation for the Bar and Lawyerly Culture in Eighteenth-century England", *Law and History Review*, Summer, 1998.

对大学毕业生还在此基础上又免除了 2 年的学徒时间。这种特别的措施无疑是对我们前面讨论过的律师会馆衰落情形的某种反映，在很大程度上激励了出庭律师去大学中获得一个学位。因此，18 世纪后期，大多数有过大学经历的出庭律师都会获得一个文科硕士学位（MA），甚至是一个民法博士学位。虽然获得学位并不一定意味着达到了相应的学术水平，但通常而言总需要参加一定的课程和仪式并修完一定的学分。这些既定的制度使得他们比一般上大学的贵族和绅士们在大学中待的时间要长，当时的贵族青年上大学的通常情况是在这里住上几个学期，而并不试图获取学位。[1]

我们可以看到，18 世纪的出庭律师在大学里度过了越来越长的时间。问题是，这种正常的大学课程在多大程度上有助于促使普通法的学习更容易理解和条理清晰？从理论上说，正像我们在前面提到的，在大学中所受的文科教育可以和律师会馆中的普通法训练构成某种互补性，大学中的语言、逻辑学、数学、罗马法、文学、伦理学、历史学等文科课程可能为研习普通法打下一定的基础。用伊夫林（1620 年—1706 年，John Evelyn）[2]的话说，大学课程的学习可以揭示出自然正义的基础和人们的审慎品质，这有助于使律师认清法律的本质和精神，并与其他科学和制度紧密联系起来。不过，这种理论上的乐观倾

---

〔1〕 See David Lemmings, "Blackstone and Law Reform by Education: Preparation for the Bar and Lawyerly Culture in Eighteenth-century England", *Law and History Review*, summer, 1998.

〔2〕 英国乡绅和著作家，皇家学会的创始人之一，写有美术、林学、宗教等方面的著作三十余部，他的《日记》是六十余年英国政治、社会、文化和宗教生活的见证。

向与实践还是有一定距离的，因为实质性的大学教育在很大程度上是从 1700 年开始的。此时，在两所大学中才出现了一些出色的学者和尽责的教师，同时一部分学生也开始聚集在一起钻研学问。[1]布莱克斯通在牛津读书的时候仍然是"未经改革的牛津大学"年代。[2]吉本在他的自传中回忆道，牛津和剑桥两所大学是在盛行虚妄、野蛮学问的黑暗时代创立的。它们至今仍然沾染有创始时期的弊病。教师们懒惰懈怠，学生们肆意纵酒。[3]而在剑桥大学，虽然牛顿的影响使得剑桥大学在 18 世纪初期进行了一些课程改革，不过直到差不多半个世纪之后出庭律师才能从讲课和阅读中学到了对法律学习有用的东西。也就是说，根本而言，英格兰两种文化的隔膜仍然深刻影响着法律教育。律师会馆与大学教育这种理论上的互补性在实践中仍然会遇到一些问题。

　　而律师会馆中的情形也并不尽如人意。律师会馆曾经的盛

----

〔1〕　实际上，法律教育中的通才教育和职业培训之间的关系乃是经常为人们所讨论的一个问题。这种情况不仅出现在英国，在后来的美国，包括今天的中国都会遇到这个问题。参见［英］罗伯特·斯蒂文斯：《法学院：19 世纪 50 年代到 20 世纪 80 年代的美国法学教育》，阎亚林、李新成、付欣译，贺卫方校，中国政法大学出版社 2003 年版；贺卫方编：《中国法律教育之路》，中国政法大学出版社 1997 年版。

〔2〕　See［美］卡尔文·伍达德、张志铭：《威廉·布莱克斯通与英美法理学》，载《南京大学法律评论》1996 年第 2 期。

〔3〕　参见［英］爱德华·吉本：《吉本自传》，戴子钦译，生活·读书·新知三联书店 2002 年版，第 36~43 页。由于吉本离开牛津的时候恰好是 1753 年——这是布莱克斯通讲座开设的时间，所以我们从吉本对牛津生活的回忆中可以管窥到当时大学的一般情形。事实上，吉本只在牛津待了 14 个月，待不住的原因，一方面是导师教学的内容和方法不能引起他的兴趣，另一方面是他手里可以花的钱多了，因此跟上一批玩乐朋友溜出校外去游耍，甚至上酒馆、逛妓院，换句话说就是无心读书。当然最大的问题在于他对英国国教产生了怀疑，暗地里改宗天主教。此事一经揭穿，学校立即就让他退学了。

极一时在乔治王朝时候发生了很大的变化。内战以及其后的空位期（Interregnum）使得律师会馆的培训制度陷于停顿，随后虽然试图恢复，但律师会馆中的诵讲（reading）还是在 1678 年终止了。其他的一些训练要么停止，要么仅仅流于形式（比如模拟法庭辩论）。后来，格雷律师会馆和林肯律师会馆采取了一些措施恢复一些培训课程，但也没有获得成功。这些课程和律师会馆的一些新的制度不相协调（比方律师的试用制度），同时也与律师会馆欠佳的经济状况有很大关联。到了 1700 年，除了一些意义并不是很大的训练之外，法律学徒获取律师资格主要就在于积攒年限以及在每个学期中参加规定的宴会和仪式。律师会馆中的讲座成了学徒们任意选择的项目。甚至，即便是仅有的一些训练项目，学徒们是否参加也都成了一个问题。事实上，18 世纪的律师会馆与中世纪时和当代的状况迥然不同，其在某种程度上成了那些师父们和出庭律师们聚会或聚餐的俱乐部，只有很少一部分在讨论实际的法律事务。恢复往昔严格的训练需要所有成员的持久努力，但似乎很少人愿意这样去做。事实上，多数人根本也没有能力去做。因为当时成为律师会馆的师父并不一定是王室法院的领袖人物。[1]

于是，在律师会馆中，学徒们发现只有仪式性的训练和聚餐会可以参加。同时，律师会馆中的纪律也日渐松弛，法律学徒们缺乏类似大学学院那样的导师的日常监督，因此生活极其自由。而且，律师会馆地处伦敦，繁华的大都市氛围也对学习

---

[1] See David Lemmings, "Blackstone and Law Reform by Education: Preparation for the Bar and Lawyerly Culture in Eighteenth-century England", *Law and History Review*, Summer, 1998.

构成了某种影响。在这样的背景下，指望那些从英国各地前来的年轻学徒们能够善于利用律师会馆中的自由安心自学，恐怕并不现实。即便是那些最安静和刻苦的学徒也很难不受周边种种诱惑的影响。有材料显示：由于律师会馆中纪律的松散，有的学徒甚至带妓女回来过夜。[1]我们在前面曾经提到过，在中世纪的律师会馆中，学生自学仍然是一种非常重要的方式，但随着内部纪律的松弛和外部环境的变化，在18世纪时候，这种"自由"已经成了学徒们的"不可承受之轻"。

当然，还有一些法律书籍可供学习。事实上，17世纪以来律师会馆之所以会陷入萧条，其中一个重要原因就在于一些法律书籍的出现给人们提供了一个在自己房间学习法律的手段。不过，尽管出版了许多各不相同的文集、报道集和法律汇编，但基本上都是供律师们使用，而并非针对法律学徒们的自学。一些初级内容的教科书，其质量也大都参差不齐。在布莱克斯通之前，这些书通常会被推荐给法律学生：亨利·芬奇（Finch，1558年—1625年）的著作、伍德（Wood，1661年—1722年）的《英格兰法原理》、黑尔（Hale，1609年—1676年）的《普通法史》，以及福蒂斯丘的著作，杰曼（Germain）的著作，除了这些概论性质的著作之外，菲茨赫伯特（Fitzherert）的《令状释义》，一些制定法的汇编，还有一些法律词典和术语表也可以成为学生掌握专业知识的读物。当然，几乎所有人都推荐学生们反复阅读利特尔顿（Littleton，1402年—1481年）的《土

---

[1]　See David Lemmings, "Blackstone and Law Reform by Education: Preparation for the Bar and Lawyerly Culture in Eighteenth-century England", *Law and History Review*, Summer, 1998.

地保有法论》（Tenures）以及柯克对它所作的评注。[1]

不过，所有这些书籍都不能令人完全感到满意：芬奇和黑尔的著作写于 17 世纪，在当时显得有些过时，伍德著作的写作时间虽然是当代，但是因为忽视了法律的"理性和起源"而受到批评。而柯克关于利特尔顿的评述则显得过于艰深。实际上，当时的大部分书籍仍然着眼于"在法庭上我该怎么办"等具体的问题，而不会回答"法律究竟是什么"这样的问题——在堆积如山的、不成系统的判例、报道当中，这种"只见树木，不见森林"的状况恐怕也是无法避免的。

通过上面的讨论，我们发现，18 世纪英格兰的律师会馆法律教育的确问题重重，甚至可以说处于内忧外患之中。在这一时期，外界对律师会馆的批评越来越多，并且借助于媒体这一新近出现的公共领域积聚舆论。另一方面，随着大学教育的改革，律师会馆在接纳学徒和授予律师资格的数字方面都处于几个世纪以来的最低点。同时，律师会馆内部纪律松散，传统的训练项目诵读和模拟法庭训练都难以正常进行。在这种背景下，一些出庭律师和律师会馆的师父们作出了一些努力，但是收效甚微。而布莱克斯通作为年轻的出庭律师和牛津大学万灵学院的研究员，虽然直接感受过这些危机和困难，但却无法直接影响到那些根深蒂固的律师会馆制度，他只能在自己开设的讲座中通过提高法律教育的质量来间接应对这种困难和危机。布莱克斯通在自己的讲座中警告说，倘若律师会馆这种状况一直延续下去，那么法律很快就会被执掌在那些糊涂不清且缺乏教育

---

[1]　See J. H. Baker, *An Introduction to English Legal History*, Fourth edition, Butterworths, 2002, pp. 188~190.

的人们手中。[1]另一方面，由于他讲座的地点是牛津大学，而该大学则决定了听众的性质。这些听众多数都是贵族或绅士，有些人将来会进入律师会馆继续学习普通法，而另外一些学生则并无意成为律师。事实上，布莱克斯通相信，无论对于哪部分听众而言，他的讲座都可以起到相当大的作用。对于前者而言，他的讲座可以使那些未来的律师事先获得对英国法的系统理解和把握。对于后者而言，他们在受教育之后将在其他职业和领域内发挥重要影响，他们同样会因此改善这个国家或地方的统治方式，而且有的人会成为议员，从而对英国的法律状况起到直接的影响作用。正是因为这个原因，正如我们前面已经指出的那样，试图准确而清晰地论证布莱克斯通的动机是侧重于公民教育方面还是侧重于法律教育方面都会面临困难。毋宁说，他的讲座包含了所有这些关切。

三、重提问题：布莱克斯通的困难以及从逻辑和历史层面克服困难的可能

通过前面的讨论，我们可以看到，布莱克斯通所从事的事业是通过在大学中开设英国法讲座的形式来影响法律教育和公民教育。这是第一次在英国的大学中讲授英国法，迥异于我们在前面提到的两种传统的法律教育模式。我们在前面提到，在大学中之所以只讲授罗马法和教会法，一方面在于律师会馆的垄断性，另一方面也在于罗马法和教会法是某种系统化的"法律科学"，它更适合讲授这种形式。因此，我们前面所提出的问

---

[1] *Comm.*, Vol. 1, pp. 31~33.

题就重新摆在了面前，即律师会馆中法律学徒学习的材料，或者说普通法是什么性质的，是否可以在大学中得到讲授，还是只能通过自己的亲身实践和"默会"来领悟？律师会馆中传授的普通法究竟是不是不可言说的内容？或者说，当我们说普通法是一种技艺的时候，它又在多大程度上等同于古代景德镇瓷器作坊中的瓷器活儿？换言之，律师会馆中训练法律学徒所讲授的方法是否可以系统化和科学化？或者说，普通法是否能够以一种系统化和科学化的方式呈现在法律学生面前？

事实上，这个问题也正是布莱克斯通面临的最大困难。而布莱克斯通的讲座之所以能够出名和获得巨大成功，恰恰就在于他做了许多人认为根本无法做到的事情。也就是说，普通法强调程序而且怀疑所有一切将其归纳为"实在的"形式的努力。而布莱克斯通则设法给庞大而杂乱的普通法以一种清晰连贯的形式，从而使这些年轻的外行听众能够理解和把握。

我们在前面已经提到，所谓的"普通法"其实就是在王室法院所施行的共同习惯法。由于英格兰既无成文法典，立法活动也不活跃，于是推动法律的持续发展的使命就落到了以王室法院为中心的法官和律师身上。他们一方面通过律师会馆这种法律教育模式延续着法律职业传统，另一方面通过自己对一个个具体案件的实际诉讼和参与来创造法律价值。到了18世纪，普通法制度已经发展成为一种只有律师会馆的成员才能知晓的令人尊重的半口头性传统。这种传统有自己的内在逻辑，有自觉并自我服务的正当性理由，还有自己极为强劲、有力的动力。普通法的执业者，即出庭律师和律师会馆中的师父们更多关心的是在特定的情况下有没有关于非法侵入的令状存在，而不那么关心抽象思考意义上的法定"权利"或"正义"的本质。这样的问题是技术性的，而非哲学上的，因而它们只能由那些熟知在以往的案件中当问题产生时有过什么样的决定的人来加以回答。

密尔松指出，普通法中的财产法最初来源于人们关于资源分配的习俗，而其他法律则基本上来源于人们解决纠纷的种种程序。与罗马法中起初就有许多成文而系统的法律或是教科书不同，在布莱克斯通之前，普通法的法律规则散落在种种汇编、报道集、案卷等浩瀚的文件之中，除非当律师具体遇到某一个案件并且试图进行诉讼的时候，平时甚至连自己也无法知道法律到底是什么。[1]所以，当我们说律师会馆中的知识不适合讲授的时候，其意义即在于此。也就是说，在律师会馆中，包括律师和法官面对的，长期以来是一种我们外人看来庞杂凌乱且未经整理的法律"原材料"。

那么，律师会馆中的这种研习又在多大程度上与景德镇瓷器作坊中的瓷器手艺类似呢？波兰尼认为，手工工艺由于里面存在着许多不可言传的技艺，所以只能通过师父教徒弟这样的方式流传下去，而这就使得手工工艺通常只限于流传在封闭的作坊之中。[2]但是，在我们回溯律师会馆历史的时候，却发现律师会馆中的这种师父教徒弟的方式首先起因于律师会馆的封闭性，起因于王室法院的律师和法官某种对法律业务的垄断。换言之，虽然律师会馆在中世纪时其样式在相当程度上类似于手工作坊中的学徒情况，但这却是基于不同的历史原因产生的，

---

〔1〕　See S. F. C. Milsom, "The Nature of Blackstone's Achievement", *Studies in the History of the Common Law*, The Hambledon Press, 1985, pp. 200~203.

〔2〕　参见［英］迈克尔·波兰尼：《个人知识——迈向后批判哲学》，许泽民译，陈维政校，贵州人民出版社 2000 年版，第78~79页。

而律师会馆这种封闭的模式又在相当程度上加剧了普通法的"不可知性"。这是其中的一个重要的区别。另一方面，手工技艺在很大程度上是客观的，是在相当程度、相当时间之内会保持大体上相同的一种技艺，而律师会馆中的普通法却是随着具体情势和诉讼的变化而变化的。同时，很重要的是，普通法的发展无法离开每个具体个体的实际参与。也就是说，从某种意义上来看，普通法乃是人们共同创造的，它处于一条一直流淌的河流之中。[1]在笔者看来，正是基于这个理由，普通法教授和研习的种种模式并非"内在"地被预先确定了。律师会馆的法律教育模式在更大程度上乃是一种历史和传统的产物，而手工作坊师徒亲手传授的方式则是由其知识的属性所内在决定了的。[2]

由此我们可以看到，从知识论的角度而言，布莱克斯通所面临的困难并非手工技艺的"不可言传"的属性，而是由普通

---

〔1〕 普通法的这种法律发展模式，实质上是利用普通法的技艺理性来吸纳普通人对法律之外的各种价值所进行的实践尝试。普通法中的各种法律原则并非立法者凭空制定出来的，亦非法官自由意志的产物，而是一方面能与各种法律之外的价值保持开放的关联，另一方面又传承和丰富普通法的技艺理性传统。参见李猛：《除魔的世界与禁欲者的守护神：韦伯社会理论中的"英国法"问题》，载李猛编：《韦伯：法律与价值》，上海人民出版社 2001 年版，第 193 页。

〔2〕 近代以来，手工作坊的日渐凋落直接归因于现代化大生产方式的兴起，现代化大生产方式的实质在于通过某种技术来实现快速而机械化的"复制"。正如本雅明在一本著作中阐述的那样，某种意义上可以说，现代社会在很大程度上是一个"机械复制"的时代。而手工技艺中那些不可言说的师傅手艺则渐渐失传，因为这些技艺是不可复制的，只能师傅带徒弟，只能"慢工出细活"。在法律领域，虽然我们也面临着现代性的种种问题，但是由于法律本身的目的乃是服务于人类自身，因而其变化和发展的同时，丢掉了一些东西，而与此同时又拣起另外一些东西，法律自身并无特别的审美价值。从这个意义上说，法律可以"与时俱进"，保持法律与社会之间的某种张力，而真正的手艺则无法迈向现代化，它们只能成为人类历史上永远无法再现的"遥远的绝响"。参见 ［德］瓦尔特·本雅明：《机械复制时代的艺术作品》，王才勇译，中国城市出版社 2002 年版。

法形成历史决定的"难于言传"的属性，也即我们刚才提到的普通法庞杂凌乱，不成体系的特性。在这里，"不可言传"与"难于言传"是有区别的，虽然在外界看来都表现为某种"不可知性"，但前者是由知识的内在属性决定的，而后者则主要是由历史传统导致的。在笔者看来，廓清普通法与手工技艺在知识论中的这两种不可知性的内在区别对于理解布莱克斯通的困难而言极为关键。这就意味着布莱克斯通所面临的这个普通法的知识形态的最大困难从逻辑上讲并非根本不可克服，虽然在当时许多人确实认为普通法根本不适合讲授这种方式。更进一步，律师会馆中普通法与手工作坊中手艺的这种知识论上的区分为布莱克斯通克服困难提供了逻辑上的可能性。

与上面第一个困难相联系，布莱克斯通面临的第二个困难是，他不仅要将庞杂而散乱的普通法整合成一个体系，而且还要寻找出一种外行人能够理解的方式。我们知道，与律师不同，外行人对待法律的视角乃是一种消费者的视角。我们今天所谓的"契约""侵权"的种种概念和规则在那时尚未完全形成。举例说来，某甲将某乙打倒，某丙侵犯了某丁的财产，某戊没有向某己履行承诺。我们今天可以说，这属于侵权或违约中的什么类别。但是在18世纪，诉讼的种类并不直接反映人们实际生活的基本关系。[1]

无疑，体系化的内容更容易交流，当交流内容的信息数量达到一定程度的时候，人们根本无法面面俱到地记住每一个细节，而只能提纲挈领、分门别类地把握事物。事实上，这个问

---

〔1〕　See S. F. C. Milsom, "The Nature of Blackstone's Achievement", *Studies in the History of the Common Law*, The Hambledon Press, 1985, pp. 202~203.

题也是哲学史上的一个根本问题。对于大学中教师的讲授任务而言，将散落的材料系统化几乎是唯一的途径。但另一方面，当普通法是以判例为基础的时候，当然就不存在明显的系统和结构。此时，每个案例都针对一种特定的情形，彼此独立、互不关联，因此根本无法从中归纳出一种结构。比如一个关于"sale"的规则，如何与一条关于"hire"的规则联系起来呢？如何将他们整合起来并且形成"contract"的概念和原则？如何又将"contract"整合在整个法律大厦之中？这些问题都是布莱克斯通面临的基本问题。

　　密尔松认为，从历史长时段的观点来看，布莱克斯通处于普通法（包括美国法在内）发展历史上的一个转折性阶段。无论是大陆法系还是普通法系，它们都要经历这样一个阶段：在程序之外，在法律诉讼进行的过程之外，将那些规范人们行为并且体现社会关系的实体性规则发展为一个易于理解的关于权利和义务的体系。在这一点上，两大法系经历了相似的发展历程。[1]在大陆法系，许多学者均推动了这一过程，而在普通法系，布莱克斯通则用教科书的形式实质性地推动着这一进程。用马克斯·韦伯的话说，在使一种存在于18世纪却仍具有明显的中世纪特征的法律系统的近代化过程中，布莱克斯通的《释义》成了极其重要的第一步。作为一种基于习惯并且具有口头性质的传统而永久存在的法律形式，18世纪的英国普通法完全不能满足在下一个世纪里不断出现的经济和政治发展的复杂要求。因为在下一个世纪里，一个以农耕经济为基础的小型岛国

---

〔1〕 See S. F. C. Milsom, "The Nature of Blackstone's Achievement", *Studies in the History of the Common Law*, The Hambledon Press, 1985, p. 200.

社会将转变为"世界的作坊"，并且成为一个全球性帝国——它负责维护英国强权下的世界和平甚至连罗马帝国也相形见绌——的心脏。一种更为现代、合理和实证主义的法律系统和法律形式将变得不可缺少。恰恰是这个时候，布莱克斯通似乎指明了道路，并且促进了一种为实现上述转变所必需的法律论述、法律学识和法律评论。[1]从这个角度而言，当我们知晓了布莱克斯通在普通法现代化过程中的这种枢纽性位置时，也就意味着理解了他的困难所在。

我们可以看到，18世纪英国的社会和经济状况已经产生了对这样一种体系化法律的需求。不仅如此，普通法发展到这一时期也已经为布莱克斯通的著作提供了历史的可能性。梅因、普拉克内特等英国法律史学者都认为，布莱克斯通的著作无法在更早的时候撰写，这仅仅是某种"法律"生长或形成的方式的缘故。正如我们在前面业已提到的那样，普通法并非从规则开始，而是从私人纠纷和负责解决那些纠纷的王室法院开始。王室法院逐渐形成了自己的运作程序，而且在包含不同阶段的漫长岁月里，要识别甚至预测法院是否会允许法律上的恢复或救济的情况已经成为可能。这时，"法律"已经发展到了有可能对那些支配着诸如证据、证人和陪审团控制等审判环节的程序规则与那些普遍适用的社会实体规则或法律原则作出区分的阶段。普通法中某些一般的原则或规则随着在时间中的推演也变得越来越清晰。因此，这些法律史学者认为，只有在某个时候而非在此之前，一个有洞察力的法律学者把握不发达规则的本

---

[1]　转引自［美］卡尔文·伍达德、张志铭：《威廉·布莱克斯通与英美法理学》，载《南京大学法律评论》1996年第2期。

质和表达这些规则才会成为可能。[1]

我们发现，事实上，布莱克斯通面临的两个困难是有内在关联的，甚至是一个问题的两个方面：正是因为普通法缺乏体系，外行人才难以理解。反之，倘若普通法能够以一种体系化的方式呈现出来，那么外行人理解起来当然会容易许多。因此，问题的关键就变成了布莱克斯通能否将普通法整合成一个逻辑清晰且富于条理的体系。[2]我们知道，一个良好的体系不仅表现在外部结构方面，而且还表现在内在逻辑方面，体系的目的归根结底是为了使人们更方便地理解和把握相关内容，而非仅仅为了形式上的好看，而这就需要内在逻辑的一致性和连贯性。

那么，布莱克斯通能否实现这个目标呢？甚至布莱克斯通能否像牛顿对物理学那样将普通法变成一门科学呢？[3]接下去

---

〔1〕 [美]卡尔文·伍达德、张志铭：《威廉·布莱克斯通与英美法理学》，载《南京大学法律评论》1996年第2期。事实上，英国法历史上的许多法律著作的形成都与当时英国法的发展状况密不可分。比如，密尔松在提到利特尔顿的著作时，就认为类似的教科书形式的著作几乎不可能在15世纪之前写出，因为在这一时期，某种抽象的权利才刚刚变成一种现时的法律规则。See S. F. C. Milsom, "The Nature of Blackstone's Achievement", *Studies in the History of the Common Law*, The Hambledon Press, 1985, p. 201.

〔2〕 需要说明的是，笔者在这里指出了布莱克斯通面临的两个困难，并不意味着他仅仅只遇到了这两个困难。的确，从某种意义上我们可以说这两个困难是最为直观和首要的困难，不过，许多困难都要在他具体构思和写作的过程中才得以显现了。事实上，他的成就、努力始终伴随着困难和问题。我们在后面还会提到他面临的一些困难和问题。

〔3〕 布尔斯廷认为，在某种意义上，布莱克斯通对英国法所做的工作就相当于牛顿对物理学所做的工作以及洛克对人类思维知识所做的工作。See Daniel. J. Boorstin, *The Mysterious Science of The Law: an Essay On Blackstone's Commentaries Showing How Blackstone, Employing Eighteenth-century Ideas of Science, Religion, History, Aesthetics, and Philosophy, Made of the Law at Once a Conservative and A Mysterious Science*, The University of Chicago Press, 1996, p. 12.

的两个部分，我们将首先讨论《释义》的外在结构安排，然后再讨论它的内在逻辑。因为《释义》是作为布莱克斯通努力的某种结果呈现在我们面前的。所以，从逻辑上说，只要我们对《释义》的结构和内容有了清晰的理解，就能够相应地回答布莱克斯通的目标是否已经实现这一问题。

第三章
《英格兰法释义》结构的体系化

一、《释义》的篇章结构

由于我们在前面讨论的种种困难的存在，可以猜想，布莱克斯通在安排《释义》的结构之前一定经过了仔细而深入甚至不乏痛苦的考虑。然而，作为后来的读者和研究者，首先呈现在我们面前的却是作为这种考虑结果的他的著作，包括其中的结构。因此，在本章中，笔者将首先简要介绍这一结构本身，然后再回头讨论布莱克斯通选择这一结构的背景和原因。这一顺序未必是布莱克斯通本人思想的逻辑顺序，但却符合后来读者和研究者的某种"后见之明"的逻辑顺序。

《释义》一书由导论和4卷组成。在导论之后，4卷的标题分别是"人的权利""物的权利""侵犯个人的不法行为""公共不法行为"，整个论证是从个人的权利到公共的不法行为。

导论共包括四个部分，我们在前面提到过，第一部分"关于法律之研习"其实是布莱克斯通就任瓦伊纳英国法讲座教授时的演讲，可以作为理解他的动机和使命的一个最为重要的材料，其余三个部分分别是"法律的一般性质""英格兰法""受英格兰法支配之国家"。由于导论部分直接反映了布莱克斯通在法律、历史和哲学等领域的基本观点，所以边沁对布莱克斯通的批评主要是基于这一部分。[1]

第 1 卷首先从被布莱克斯通称为"个人的绝对权利"开始，这些绝对权利指那些附属于个人并且在自然状态下也只属于他们个人的权利。人类法律的首要的目的便是保持和调整这些绝对权利。接着，布莱克斯通转而讨论公民权利和具体地讨论英国人的绝对权利。他采用了洛克的经典划分：生命、自由和财产。作为其主要内容的第 1 卷的其他部分讨论了相对权利，也即当个人与其他个人发生法律上的关系（比方国王与人民、主人和仆人、丈夫和妻子、父母和子女等）时具有的种种权利。

第 2 卷的题目是"物的权利"，不过需要我们注意的是，这与我们大陆法系中的"物权"概念并不一致。英国法有自己独特的财产权利体系。在本卷中，布莱克斯通在谈到地产权之前先阐述了英格兰的封建制度。显然，他认为英国法的许多概念和内容只有从历史中才能够得到解释。

第 3 卷主要论述违反个人权利的不法行为以及相应的救济手段。不过，事实上，在本卷中布莱克斯通首先是从救济开始谈起的，第一章便是"私力救济"。

第 4 卷主要论述公共违法行为，从罪与刑的本质谈到法庭

---

〔1〕 边沁说："像这样一部篇幅巨大的书，是不可能逐一地全部加以论述的。所以我打算把足以代表该书的性质与面貌的那部分拿来加以讨论。就这一目的而言，我认为在这儿所提出的这个部分就已经足够了。这一部分的篇幅虽短，然而却是该书中最显著和最富特性的部分，也是作者独出心裁的部分。其余部分差不多都是编纂的东西。"参见［英］边沁：《政府片论》，沈叔平等译，商务印书馆 1995 年版，第 95 页。

审判的种种程序。

以下是《释义》的具体篇章结构：

导论（Introduction）

　　第一部分：关于法律之研习（On the Study of Law）

　　第二部分：法律的一般性质（Of the Nature of Laws in General）

　　第三部分：英格兰法（Of the Laws of England）

　　第四部分：受英格兰法支配之国家（Of the Countries Subject to the Laws of England）

第一卷：人的权利（The Rights of Persons）

　　第一章：个人的绝对权利（Of the Absolute Rights of Individuals）

　　第二章：议会（Of the Parliament）

　　第三章：国王及其权力（Of the King and his Title）

　　第四章：王室成员（Of the King's Royal Family）

　　第五章：国王之咨议会（Of the Councils Belonging to the King）

　　第六章：国王之义务（Of the King's Duties）

　　第七章：国王之特权（Of the King's Prerogative）

　　第八章：国王之税收（Of the King's Revenue）

　　第九章：下级文职官员（Of Subordinate Magistrates）

　　第十章：人民，包括外国人，外籍居民，本国人（Of People, Whether Aliens, Denizens or Natives）

　　第十一章：牧师（Of the Clergy）

　　第十二章：婚姻状况（Of the Civil State）

　　第十三章：军队和海事身份（Chapter the Thirteenth : Of the

Military and Maritime States）

　　第十四章：主人与仆人（Of Master and Servant）

　　第十五章：丈夫与妻子（Of Husband and Wife）

　　第十六章：父母与子女（Of Parent and Child）

　　第十七章：监护人与被监护人（Of Guardian and Ward）

　　第十八章：社团（Of Corporations）

第二卷：物的权利（The Rights of Things）

　　第一章：财产概述（Of Property in General）

　　第二章：不动产，尤其是有形遗产（Of Real Propety and, First, of Corporeal Hereditaments）

　　第三章：无形遗产（Incorporeal Hereditaments）

　　第四章：封建制度（Of the Feodal System）

　　第五章：古代英国的地产保有（Of the Antient English Tenures）

　　第六章：现代英国的地产保有（Of the Modern English Tenures）

　　第七章：可继承的自由保有地产（Of Freehold States, Of Inheritance）

　　第八章：不可继承的自由保有地产（Of Freeholds, not Of Inheritance）

　　第九章：非完全保有的地产权（Of Estates Less Than Freehold）

　　第十章：附条件地产权（Of Estates Upon Condition）

　　第十一章：现时取得地产权，剩余地产权，回复地产权（Of Estates in Possession, Remainder, and Reversion）

第十二章：单独地产权，共同保有地产权，共同继承地产权，共用地产权（Of Estates in Severalty, Joint-Tenancy, Coparcenary, and Common）

第十三章：不动产所有权概述（Of the Title to Things Real, in General）

第十四章：所有权（Of Title）

第十五章：非继承获得的不动产所有权，尤其是根据土地复归获得的不动产所有权（Of Title by Purchase, and First by Escheat）

第十六章：根据占用获得的所有权（Of Title by Occupancy）

第十七章：根据取得时效而获得的所有权（Of Title by Prescription）

第十八章：根据剥夺而获得的所有权（Of Title by Forfeiture）

第十九章：根据转让而获得的所有权（Of Title by Alienation）

第二十章：通过契据方式的转让（Of Alienation by Deed）

第廿一章：根据法定事项的转让（Of Alienation by Matter of Record）

第廿二章：根据特殊习惯的转让（Of Alienation by Special Custom）

第廿三章：根据遗赠的转让（Of Alienation by Device）

第廿四章：动产（Of Things Personal）

第廿五章：动产财产（Of Property in Things Personal）

第廿六章：根据占有而获得的动产所有权（Of Title to Things Personal by Occupancy）

第廿七章：根据特权和剥夺而获得的所有权（Of Title by Prerogative, and Forfeiture）

第廿八章：根据习惯而获得的所有权（Of Title by Custom）

第廿九章：根据继承，婚姻，判决而获得的所有权（Of Title by Succession, Marriage, and Judgment）

第三十章：根据赠与和契约而获得的所有权（Of Title by Gift, Grant, and Contract）

第三十一章：根据破产而获得的所有权（Of Title by Bankruptcy）

第三十二章：根据遗嘱和遗嘱管理而获得的所有权（Of Title by Testament, and Administration）

附录（Appendix）

第三卷：侵犯个人权利的不法行为（Of Private Wrongs）

第一章：私力救济（Of the Redress of Private Wrongs by the Mere Act of Parties）

第二章：仅仅根据法律的救济（Of Redress by the Mere Operation of Law）

第三章：法院概述（Of Courts in General）

第四章：普通法和衡平法的法院（Of the Public Courts of Common Law and Equity）

第五章：教会法院，军事法院，海事法院（Of Courts Ecclesiastical, Military and Maritime）

第六章：特别法院（Of Courts of a Special Jurisdiction）

第七章：对个人不法行为的认定（Of the Cognizance of Private Wrongs）

第八章：对不同权利的不法行为及其相应的救济（Of Wrongs and Their Remedies, Respecting the Rights of Persons）

第九章：对动产的侵害（Of Injuries to Personal Property）

第十章：对不动产的侵害，尤其是非法入侵地产或非法剥夺自由保有地产（Of Injuries to Real Property, And First of Dispossession, Or Ouster of the Freehold）

第十一章：对属地动产的非法侵犯和非法剥夺（Of Dispossession, Or Ouster, Of Chattels Real）

第十二章：侵入（Of Trespass）

第十三章：妨害（Of Nuisance）

第十四章：损坏（Of Waste）

第十五章：拒绝承担佃金和役务（Of Subtraction）

第十六章：干扰（Of Disturbance）

第十七章：国王作为一方当事人的侵害（Of Injuries Preeceding From, Or Affecting, The Crown）

第十八章：通过诉讼实现救济，尤其是最初的令状（Of the Pursuit of Remedies by Action; And, First, Of the Original Writ）

第十九章：传票（Of Process）

第二十章：诉状（Of Pleading）

第廿一章：争点和诉求不充分抗辩（Of Issue and Demurrer）

第廿二章：审判的几种方式（Of the Several Species of Trial）

第廿三章：陪审团审判方式（Of the Trial by Jury）

第廿四章：法庭判决及其附带事项（Of Judgments, And it's Incidents）

第廿五章：上诉程序（Of Proceedings, In the Nature of Appeals）

第廿六章：执行（Of Execution）

第廿七章：衡平法院的诉讼程序（Of Proceedings in the Courts of Equity）

附录Ⅰ（Appendix Ⅰ）

附录Ⅱ（Appendix Ⅱ）

附录Ⅲ（Appendix Ⅲ）

第四卷：公共违法行为（Of Public Wrongs）

第一章：犯罪和刑罚的本质（Of the Nature of Crimes, And Their Punishment）

第二章：犯罪主体（Of the Persons Capable of Committing Crimes）

第三章：主犯和从犯（Of Principals and Accessories）

第四章：对上帝和宗教的不法行为（Of Offences Against God and Religion）

第五章：违反国际法的行为（Of Offences Against the Law of Nations）

第六章：重叛逆罪（Of High Treason）

第七章：重罪，和对国王特权的侵犯（Of Felonies, Injurious to the King's Prerogative）

第八章：侵犯王权罪（Of Praemunire）

第九章：蔑视国王和政府罪（Of Misprisions and Contempts, Affecting the King and Government）

第十章：对公共正义的不法行为（Of Offences Against Public

第廿六章：答辩和争点（Of Plea，And Issue）

第廿七章：审判和定罪（Of Trial，And Conviction）

第廿八章：牧师的权利（Of the Benefit of Clergy）

第廿九章：判决及其结果 Of Judgment，And its Consequences）

第三十章：判决的撤销（Of Reversal of Judgment）

第三十一章：暂缓执行刑罚和赦免（Of Reprieve，And Pardon）

第三十二章：执行（Of Execution）

第三十三章：英格兰法的兴起、发展和进步（Of the Rise，Progress，And Gradual Improvements，of the Laws of England）

附录（Appendix）

补遗（Supplement）

索引（Index）

从上面我们可以看到，《释义》的结构从外观来看非常对称和协调，就导论加上 4 卷的结构而言，直观的感觉就是有些类似查士丁尼的《法学阶梯》，因为在查士丁尼的《法学阶梯》中，其结构也是一篇序言加上 4 卷，而且也是先从人法和物法讲起。（查士丁尼《法学阶梯》的目录参见文后附录）

从某种意义上而言，普通法自身并无所谓的结构。而布莱克斯通基于讲授英国法的需要，不得不用某种外在的结构来对普通法的内容进行包装。事实上，如果仅仅将法律建立在一个个判例的基础之上，根本无法形成一个逻辑清晰的结构。不过，幸运的是，对于布莱克斯通而言，存在查士丁尼《法学阶梯》这样一个罗马法的结构来作为整合普通法内容的模本。事实上，许多学者在研究布莱克斯通的时候都认为《释义》的结构受到了查士丁尼《法学阶梯》的影响。[1]

这个影响可以从我们前面讨论过的布莱克斯通本人的经历以及当时英国法律教育的两种模式中得到说明：首先，从布莱克斯通的学术经历来看，他曾经获得过牛津大学的民法博士学位，接受过系统的罗马法知识。而且，他在牛津的时候学习勤勉且认真，对古代希腊和罗马的古典文学尤其感兴趣，因此应该有较为扎实的拉丁文基础。其次，据有的学者考证，一个图书馆现存有布莱克斯通捐赠的一本查士丁尼的《法学阶梯》，这可以作为布莱克斯通阅读过这本罗马法经典文本的直接证据。[2]最后，我们可以从前面讨论过的罗马法对英格兰法律教育的影响中，从英格兰历史中的法律著作受到来自罗马法（包括罗马法经典文献结构）的影响中去寻求进一步的线索。事实上，只有在这种历史背景的梳理和比较中，我们才可以清晰而准确地把握《释义》的结构。

---

〔1〕 See Alan Watson, "The Structure of Blackstone's Commentaries", *The Yale Law Journal*, Vol. 97, 1987; Michael Lobban, "Blackstone and the Science of Law", *The Historical Journal*, 30, 2 (1987), pp. 311~335. 另外，伍达德的文章认为，布莱克斯通受到了盖尤斯的影响。不过，我们知道，查士丁尼《法学阶梯》的结构就直接来源于盖尤斯的《法学阶梯》，因此来源于盖尤斯或查士丁尼，这二者之间并没有实质性的分歧。参见［美］卡尔文·伍达德、张志铭：《威廉·布莱克斯通与英美法理学》，载《南京大学法律评论》1996 年第 2 期；［美］肯尼思·W. 汤普森编：《宪法的政治理论》，张志铭译，读书·生活·新知三联书店 1997 年版，第 80 页。

〔2〕 See Alan Watson, "The Structure of Blackstone's Commentaries", *The Yale Law Journal*, Vol. 97, 1987; Michael Lobban, "Blackstone and the Science of Law", *The Historical Journal*, 30, 2 (1987), p. 809.

二、《释义》结构来源的知识考古学：从查士丁尼到黑尔

查士丁尼的《法学阶梯》（The Institutes of Justinian）是东罗马帝国拜占庭皇帝查士丁尼（Flavius Anicius Justinianus，公元483年—公元565年）在位期间（公元527年—公元565年）下令编写的法学教科书。"法学阶梯"一名取自罗马帝国鼎盛时期大法学家盖尤斯（Gaius，公元117年—公元180年）、保罗（Paulus，公元121年—公元180年）、乌尔比安（Ulpianus，公元170年—公元228年）以及其他法学家弗洛伦丁（Florentinus）和马其安（Marcienus）的同名著作，并以它们为蓝本，其中特别是以盖尤斯的《法学阶梯》和《日常事件》为蓝本于公元533年底编写而成。所谓"法学阶梯"，即法学入门之意。[1]而这也的确是一本专门给"有志学习法律的青年们"编纂的教科书。查士丁尼皇帝规定，《法学阶梯》要成为学习法学的第一个学期的教科书，以便学生们不在学习课程的初期就被过多的困难所折磨，而是可以通过渐进式的方式来处理这些困难，并首先了解被收集在这4卷书中的全部法律科学的基础和第一原理。[2]

查士丁尼的《法学阶梯》在形式上分为一篇序言和4卷，每卷下又分为若干篇。《法学阶梯》第1卷首先说明正义与法律的关联，这其实表明了自然法在其中的影响，然后指出了法律

---

[1]　参见［罗马］查士丁尼：《法学总论——法学阶梯》，张企泰译，商务印书馆1989年版，编者前言。

[2]　参见斯奇巴尼教授为徐国栋教授翻译的《法学阶梯》中译本所撰写的序言。参见［古罗马］优士丁尼：《法学阶梯》，徐国栋译，中国政法大学出版社1999年版。

渊源的几种形式，而其余的绝大部分则是关于"人"的。第 2 卷主要是关于"物"以及遗产继承的部分内容。第 3 卷则是关于遗产继承的部分内容以及契约或准契约。第 4 卷则是关于侵权、准侵权、诉讼、犯罪的部分内容。

我们可以看到，《法学阶梯》的划分与内容之间并无直接的逻辑关系。事实上，《法学阶梯》的结构是著名的"人－物－诉讼"三大块，这一划分来自书中的第 1 卷第 2 篇："我们所适用的全部法律，或是关于人的法律，或是关于物的法律，或是关于诉讼的法律。"[1]但在三大块之中，"诉讼"的部分其实只占有很小的篇幅。而就内容而言，《法学阶梯》主要是关于私法的。查士丁尼明确提到，"这里所谈的是私法"，而从全书的目录中也可以看出这一点。[2]

由于《法学阶梯》最主要的功能是充当学习法律者的教科书，因此这一功能决定了它的大多数特征（包括结构方面的特征）。与《学说汇纂》和《法典》的百科全书式的结构不同，《法学阶梯》表现出了一种法学教科书式的结构：[3]首先，它的

----

〔1〕 参见［罗马］查士丁尼：《法学总论——法学阶梯》，张企泰译，商务印书馆 1989 年版，第 11 页。

〔2〕《法学阶梯》第 1 篇中提到："法律学习分为两部分，即公法与私法。公法涉及罗马帝国的政体，私法则涉及个人利益。这里所谈的是私法，包括三部分，由自然法、万民法和市民法的基本原则所构成。"参见［罗马］查士丁尼：《法学总论——法学阶梯》，张企泰译，商务印书馆 1989 年版，第 5 页。

〔3〕 一位学者将查士丁尼《学说汇纂》《法典》的结构称为"法律全书式"结构，将《法学阶梯》的体系称为"法律教科书式"的结构，并且认为与后者严密的体系化特征相比，前者的结构几乎可以被看成是一团混乱的体系和一大堆法律材料的堆砌。同时，他认为，法律全书式结构与法律教科书式结构这一差别的内涵在于：①它们分别设定了不同的编纂目的。前者所要解决的是服务于法律实践之法律形式渊源问题，它所要实现的目标是为法律的实践活动提供"法律在哪里"之答案的法

内容有限、篇幅不大。其次，作为法律学校一年级学生教材，查士丁尼不想在开始就让学生被法律的复杂吓退，因此在编纂此书时力图简洁明了。在结构上，具有高度的体系化特征。遵循严格的层次划分，从总到分、从一般到具体的结构。在文本之中，时时突出各部分在结构上的关系。事实上，《法学阶梯》之所以孜孜以求实现最大限度的体系化，并且法律材料的组织必须具有可以理解的逻辑性和体系性。其原因就在于它是作为教科书而使用这一前提。[1]与此类似的是，正如我们前面已经指

（接上页）律文本。后者的编纂目的在于为法律的学习者提供一部教材，它所要解答的是"法律是什么"的问题。不同的编纂目的导致它们设定的阅读主体不同。②前者面向的是实际法律工作者，或者说是法律从业人员；后者的阅读主体为普通人。他们之间的区别在于前者可以推定为已具有了相当程度的法律知识，而后者则不具备。在这样的前提下，它又预示了以下的区别。③前者在体系化程度上没有后者严格。二者在体系化上的差异是基于编纂目标和阅读主体的不同而设定的一种结果。在这些差异中，我们可以看到二者对"法律"的不同角色定位，一种是"职业化"法律形态，它考虑得更多的是法律适用的目的以及为此而追求的完整、全面。另一种是"大众化"的法律形态。它认为，法律必须能为普通大众理解和接受，为此，法律必须具有可接近性。体系化的建构可以被视为了达到这一目的所做的努力。概括而言，查士丁尼法典编纂遵循了两条路径：第一条路径遵循的路线是以法律实践为目的的，为了表明现行有效法律之整体的编纂活动，它的成果是查士丁尼的《法典》和《学说汇纂》；第二条路径是以法律教育为目的，向法律的学习者提供的法律教科书，它的成果是查士丁尼的《法学阶梯》。这两种不同的结构类型基本上都可以与现代的两种法典类型相对应：前者对应于汇编式（Consolidation）的法典编纂类型；后者对应于边沁定义的体系化之建构（Codification）的法典编纂类型。参见薛军：《优士丁尼法典编纂中"法典"的概念》，载徐国栋主编：《罗马法与现代民法》（第2卷·2001年号），中国法制出版社2001年版，第52~59页。笔者之所以大段引述这位学者的观点，主要是由于这和我们当下讨论的主题密切关联，薛军讨论的虽然主要是罗马法以及受罗马法影响的大陆法系的法典编纂的类型，但这种类型的区分对于我们理解英格兰的情形也有很大的启发。实际上，虽然在布莱克斯通之前的英格兰并无大规模的立法活动甚至法典编纂，但是英格兰的法律著作大略也可以用这两种类型来概括，一种是法律汇编形式的，另一种是教科书形式的。

〔1〕薛军：《优士丁尼法典编纂中"法典"的概念》，载徐国栋主编：《罗马法与现代民法》（第2卷·2001年号），中国法制出版社2001年版，第52页。

出的那样，教科书的功能与它的体系化特征之间的这种紧密关联也同样体现在了布莱克斯通的《释义》上。[1]

我们在前面提到过，随着 11 世纪末查士丁尼《民法大全》手抄本的发现和波伦亚大学法学院注释学派的兴起，以查士丁尼《民法大全》为主要文本的罗马法对整个欧洲法律教育以及法律制度产生了广泛而深入的影响。在此过程中，查士丁尼的《法学阶梯》扮演了一种特殊的角色。艾伦·沃森指出："不可避免地，迟早——也许较早而不是较迟——任何社会一旦把《民法大全》的基本组成部分当成本地的法律，或者承认它在找法过程中的直接重要性，就会把查士丁尼的《法学阶梯》捧到一个特殊的荣耀地位。"他又紧接着说明了其中的原因："之所以这样，倒不是因为《法学阶梯》里的法律比《民法大全》其他部分所包含的法律，对于实践者来说更顺手或对于学者来说更称心；真正的理由在教育方面；在这一过程中，《法学阶梯》受到巨大的重视。一个解释是，一方面，像《民法大全》的其他部分一样，《法学阶梯》是作为法规而公布的；另一方面，它是本着向学生提供一本基础教科书的宗旨而编纂的。进一步说，正如查士丁尼本人清楚地认识到的那样，《学说汇纂》和《法典》令初学法律者读起来觉得深奥难懂。随着罗马法研究的复苏，《法学阶梯》重新扮演它昔日作为学生初级教科书的角色，为众目所期待。"[2]

---

〔1〕 关于教科书功能与它的体系化结构之间的关联，查士丁尼《法学阶梯》和布莱克斯通《释义》之间的这种相似性绝非偶然。实际上，这一现象可以从结构功能主义方法论的功能决定结构的观点得到相应的解释。

〔2〕 参见［美］艾伦·沃森：《民法法系的演变及形成》，李静冰、姚新华译，中国政法大学出版社 1992 年版，第 89~90 页。

如果说沃森主要侧重于解释罗马法复兴过程中以及在法律教育方面《法学阶梯》的重要性的话，那么斯奇巴尼则侧重于解释《法学阶梯》在更晚一些时候（14 世纪之后，特别是 17 世纪之后）对法典编纂意义更重大的原因。他指出："但在后来的岁月中，《法学阶梯》的重要性增长了，这要归于几个原因……首先，从 17 世纪开始的现代的被强调的体系化精神在《法学阶梯》中找到了比《民法大全》的其他部分更能得到发展的基础。其次是简短的需要，它导致把规则与规则的理由分离开来并编订纯粹的定义与规则的汇集。其对法作出的体系化和公理化的重塑打开了一条这样的道路：人们通过它超越先前的解释并提出一些被认为更能满足新需要的，同时是对罗马法原则的一种更忠实的理解之成果的新解释。"[1]于是，在 17 世纪至 18 世纪，查士丁尼的《法学阶梯》经常被根据"阐述的最大程度的简短和内容的最大程度的完整"的原则重写，并成了一种类型作品的模本。在某些情况下，《法学阶梯》成了把罗马法与各国的特别规范进行比较的处所。有时则相反，《法学阶梯》建构了阐述和整合各个国家的法的基础。有时，它也提供了阐述作为道德和法律的理性主义运用于罗马法之成果的"自然法"的基础。而这些途径又为现代法典编纂做了准备。[2]

不过，欧洲的法律学家们在制定本国法典或是撰写法律著

---

〔1〕 参见斯奇巴尼教授为徐国栋教授翻译的《法学阶梯》中译本所撰写的序言。参见［古罗马］优士丁尼：《法学阶梯》，徐国栋译，中国政法大学出版社 1999 年版，第Ⅲ页。

〔2〕 参见斯奇巴尼教授为徐国栋教授翻译的《法学阶梯》中译本所撰写的序言。参见［古罗马］优士丁尼：《法学阶梯》，徐国栋译，中国政法大学出版社 1999 年版，第Ⅲ~Ⅳ页。

作的时候发现，查士丁尼的《法学阶梯》的结构安排并没有完美到可以直接照搬的地步。首先，查士丁尼的《法学阶梯》的主要内容是私法。这就意味着，倘若法律学家们试图撰写涉及到公法方面的内容，就需要首先考虑《法学阶梯》的结构是否也同样适用于公法的内容。其次，《法学阶梯》4卷的划分与"人–物–诉讼"三大块的内容之间并无直接的逻辑关系，事实上，这样4卷的划分与盖尤斯时期制作书籍的实际需要有关。在那个时代，每本书的篇幅事前都有严格的限定：一本书只能卷成一个卷轴，长短拿起来要顺手。这种呆板性可能使得编排显得不那么雅致。虽然到了查士丁尼时代，书籍已经开始具备它们现代的形式，每本书的篇幅根本不再受事先的限定而取决于内容。但这种四分法还是被查士丁尼《法学阶梯》沿用了，并且一直被后世许多法律著作和现代民法典所承袭。后世作者在面对自己所处理的材料和作为模本的《法学阶梯》时，总会产生一些困惑，并且做了许多不同的尝试，把自己认为适当的主题归到某个类别里面，于是导致了分类呈现出多样化的状态。归根结底在于，查士丁尼并没有创建起一个令人满意的分类模式，在具体的分类和体系方面并不那么尽如人意。[1]

在英格兰，随着瓦卡利乌斯于1143年左右从波伦亚到达这里并讲授罗马法，查士丁尼的《法学阶梯》便开始在大学中获得了广泛的影响，有一份他讲授《法学阶梯》的底稿幸存了下来。[2]

然而，就查士丁尼的《法学阶梯》能否作为整合和系统化

---

〔1〕 参见［美］艾伦·沃森：《民法法系的演变及形成》，李静冰、姚新华译，中国政法大学出版社1992年版，第92页。

〔2〕 参见［美］艾伦·沃森：《民法法系的演变及形成》，李静冰、姚新华译，中国政法大学出版社1992年版，第90页。

英国法的模本这一点而言，英格兰法学家无疑面临着比欧洲大陆法学家更大的困难：第一，英格兰法中最为关键的地产法律制度是古老的封建制度的结果，这在相当程度上根源于历史的原因。而在罗马法当中，关于土地的所有权和关于其他物的所有权却并没有实质性的区别。[1]第二，英格兰的实体法和程序法互相纠缠在一起，甚至程序先于权利，[2]"无司法救济即无权利"。[3]而在罗马法中，实体法和程序法有着严格的区分。第三，英国的契约法是晚近才发展起来的，甚至可以说仅仅始于19世纪与20世纪，[4]早期王室法院并不受理有关契约的诉讼，后来则用侵权这个程序取代了有关契约的诉讼。[5]事实上，也正是因为这个原因，布莱克斯通在《释义》中只用几十页的篇幅讲述契约法。而在罗马法当中，无论是契约还是侵权都得到了相当程度的发展。

　　无疑，正如我们前面已经提到的那样，罗马法对英格兰法产生了持久而深远的影响，罗马法不仅是大学法律教育的主要学习对象，而且其概念、方法、思维方式等都对英格兰法有着实质的影响。不过，需要我们注意的是，罗马法（包括罗马法体系精神）具有持久而深刻的影响，并不必然意味着罗马法经典文本

---

　　〔1〕　关于罗马法中物的分类，参见［意］彼德罗·彭梵得：《罗马法教科书》（2005年修订版），黄风译，中国政法大学出版社2005年版，第185页以下。

　　〔2〕　参见［法］勒内·达维德：《当代主要法律体系》，漆竹生译，上海译文出版社1984年版，第299页。

　　〔3〕　参见［美］阿瑟·库恩：《英美法原理》，陈朝璧译注，法律出版社2002年版，第179页。

　　〔4〕　参见何勤华主编：《英国法律发达史》，法律出版社1999年版，第263页。

　　〔5〕　参见［法］勒内·达维德：《当代主要法律体系》，漆竹生译，上海译文出版社1984年版，第301~302页。

查士丁尼的《法学阶梯》的结构可以被直接拿来为英国法律学者所用。事实上，正因为存在我们上面刚刚讨论的种种困难，直到17世纪为止，英格兰一直没有出现《法学阶梯》式的法律著作。

历史上第一次试图用某种方法来整理英国法的著作是一部被称为"格兰维尔"的著作。[1]其主要方法是列出王室法院的令状并加以注释和评论。[2]它成书于1187年—1189年间，至于这部著作的作者究竟是否为格兰维尔，在法律史学界尚无定论。这部著作的关注点主要集中于王室法院，并且主要内容集中于令状而非成文法令，由此也可以看出英国法根植于法院的实践以及具体案件救济的传统。[3]全书共14篇。

"格兰维尔"这部著作发挥积极影响的时间比较短，部分原因在于法律的变化，而更为重要的原因在于布拉克顿《论英格兰的法律和习惯》的出现。过去一直认为，布拉克顿这部著作成书于13世纪50年代，最近有学者认为这一时间是1220年至1230年间。这是一本未完成的著作，布拉克顿可能是最后的编辑者之一。这本书在很大程度上依然基于令状制度，同时从诉讼案卷和罗马法、教会法中借鉴了不少内容。[4]这部著作有一

---

〔1〕 其实，格兰维尔这部著作的书名其实是《论英格兰法的法律和习惯》，与布拉克顿的著作同名。不过，现在法律史学界一般都径直将这部著作称为"格兰维尔"。See J. H. Baker, *An Introduction to English Legal History*, Fourth edition, Butterworths, 2002, pp. 175~176; Theodore F. T. Plucknett, *A Concise History of the Common Law*, third edition, London: Butterworth & Co. (Publishers) Ltd. 1940, p. 229.

〔2〕 See Theodore F. T. Plucknett, *A Concise History of the Common Law*, third edition, London: Butterworth & Co. (Publishers) Ltd. 1940, p. 229.

〔3〕 See J. H. Baker, *An Introduction to English Legal History*, Fourth edition, Butterworths, 2002, pp. 175~176.

〔4〕 See J. H. Baker, *An Introduction to English Legal History*, Fourth edition, Butterworths, 2002, pp. 176.

个导论性质的部分，在很大程度上是受到了罗马法的影响。在其中，罗马法中的"人-物-诉讼"是一个基本的分类，不过该部分的篇幅非常短。布拉克顿很可能试图用罗马法的分类方式来整合英国法。不过，在他的时代，英国法不太方便被归类在这样的标题下。因此，他就按照材料的性质进行了不同的安排。该著作的主体部分被分为许多不同的题目，分别处理那些王室法院最为重要的诉讼。[1]从笔者手边的一本拉英对照的版本来看，著作的标题大都很长，并没有广泛地使用一般和抽象的概念，而且基本上是从解答当事人诉讼问题的角度来排列的。[2]因此，梅特兰认为，布拉克顿的著作可以被简单地概括为"罗马法的形式，英国法的内容"，不过他在将其内容赞誉为"天才式的工作"的同时，对它的结构却并不满意。[3]

接下来的英国法重要著作便是利特尔顿的《土地保有法论》了。该书问世于1481年，普通法制度发展到这一时期已经基本定型，[4]而土地制度也已经发展到了一个非常复杂的程度。[5]这本著作对普通法中的不动产制度作了清晰而准确的梳理和概括。该书分为3篇，与以往的著作不同，它并非用拉丁文而是用法语写成，

[1] See W. S. Holdsworth, *A History of English Law*, Vol. II, Methuen & Co. Ltd., pp. 241~242.

[2] *Bracton on the Laws and Customs of England*, Translated, with revisions and notes, by Samuel E. Thorne, Published in Association with The Selden Society, The Belknap Press of Harvard University Press.

[3] 参见 Sir Frederick Pollock & Frederic William Maitland, *The History of English Law——Before the Time of Edward I*, Vol. 1, Cambridge University Press, 1923, pp. 207~209.

[4] See J. H. Baker, *An Introduction to English Legal History*, Fourth edition, Butterworths, 2002, pp. 187~188.

[5] See Theodore F. T. Plucknett, *A Concise History of the Common Law*, third edition, London: Butterworth & Co. (Publishers) Ltd. 1940, p. 246.

同时也没有受罗马法的影响，而是以《年鉴》为基础。此外，它也没有把程序放在首要的地位，而是侧重于讨论法律的实体内容。因此无论从形式还是从内容而言，这都是一部典型的普通法著作。

与利特尔顿的著作一样，柯克的《英国法概要》也属于典型的普通法著作，没有受过多少罗马法的影响。这是第一部对英国法所有部门进行全面论述的著作，并对先前的判例和学说进行了极为杰出的整理、重申和评述。全书分为4卷，不过他在世的时候仅仅看到第1卷出版（第1卷出版于1628年），也即对利特尔顿著作进行评注的部分，第2卷是按年代顺序对成文法令的描述，第3卷是按字母顺序对刑事上诉案件的记述，第4卷是关于法院管辖权的问题。我们可以看到，柯克对于体系性的著作丝毫没有兴趣，甚至连他自己都认识到了自己著作结构和体系的混乱。[1]

因此，我们可以看到，就结构而言，布莱克斯通很难直接从上面这几部英国法经典著作中借鉴多少。当然，在布莱克斯通之前，英格兰还存在着其他几种法律著作形式，例如成文法令的汇编、法律词典等。[2]但这似乎都无法满足布莱克斯通的体系化要求。[3]

---

〔1〕 See J. H. Baker, *An Introduction to English Legal History*, Fourth edition, Butterworths, 2002, p. 189.

〔2〕 See Alan Watson, "The Structure of Blackstone's Commentaries", *The Yale Law Journal*, Vol. 97, 1987; Michael Lobban, "Blackstone and the Science of Law", *The Historical Journal*, 30, 2 (1987), pp. 313~314.

〔3〕 事实上，按照结构形式的标准，我们可以大致把布莱克斯通之前的英国法法律著作分为两类：一类是普通法式的简单分类、汇编、评注式的著作；另一类则试图用罗马法的体系来整合英国法内容，典型的便是《法学阶梯》式的作品，布拉克顿的著作虽然也试图用罗马法的体系来整合英国法的内容，但当时英国法的状况使得这种整合根本无法实现。

事实上，在布莱克斯通的另一部著作《英格兰法分析》中，他对英格兰法历史上受罗马法影响而写成的著作做了简单梳理并进行了简要评价。[1]由此我们可以看出布莱克斯通《释义》结构的某种渊源。在笔者看来，值得注意的有这样几点：

第一，在布莱克斯通之前，已经有不少学者企图用罗马法结构来整合英国法内容，比如芬奇（Henry Finch）的著作和伍德（Thomas Wood）的著作。布莱克斯通称赞芬奇的著作 *Law, or a discourse thereof* 是现有著作中最注重系统方法的。不过，他也指出，这部著作由于并未涉及英国的封建地产制度因而显得并不实用；而伍德的著作尽管也采用了查士丁尼《法学阶梯》的4卷结构，但是在具体行文中也仅仅限于简单地罗列英国法的内容，而并未用罗马法的结构对英国法内容进行更进一步的整合和分析。根本来说，芬奇和伍德的著作仅在结构的外观上与查士丁尼《法学阶梯》较为相像，但却并未用《法学阶梯》的结构作为整合和分析英国法的工具。[2]

第二，也正是因为这个原因，布莱克斯通将他的著作与考埃尔（John Cowell）的著作区别开来。考埃尔的著作 *Institutiones Iuris Anglicani* 出版于1605年，是一部非常准确地按照查士丁尼《法学阶梯》的篇章结构来组织的著作。实际上，在这一时期，在欧洲各个国家出现了许多以属地法为基础但是又带有明显《法

---

〔1〕 Blackstone, *An analysis of the laws of England*, Alan Watson, "The Structure of Blackstone's Commentaries", *The Yale Law Journal*, Vol. 97, 1987, pp. 798~799; Michael Lobban, "Blackstone and the Science of Law", *The Historical Journal*, 30, 2 (1987), pp. 318~321.

〔2〕 See Alan Watson, "The Structure of Blackstone's Commentaries", *The Yale Law Journal*, Vol. 97, 1987; Michael Lobban, "Blackstone and the Science of Law", *The Historical Journal*, 30, 2 (1987).

学阶梯》痕迹的著作——它们不仅直接以《法学阶梯》的结构为模本，而且径直将自己的著作冠以"法学阶梯"的名字。[1]布莱克斯通认为，这样的结构安排是不自然的并且是存在缺陷的。由此看来，布莱克斯通并不准备简单照搬查士丁尼的结构。

第三，与此相反的是，布莱克斯通承认从黑尔（Matthew Hale）的著作 *The Analysis of the Law*: *Being a Scheme*, *or Abstract*, *of the Several Titles and Partitions of the Law of England*, *Digested into Method*（以下简称《法律分析》）那里受到了启发。不过，从表面的结构看来，黑尔的著作受查士丁尼的影响并不明显，而且在这部著作的序言中，黑尔自己就声称并准备将这部书归类为普通法、成文法或是将罗马法的方法和概念纳入其中。[2]

不过，按照沃森文章的分析，尽管黑尔本人否认查士丁尼《法学阶梯》的影响，但实际上这种影响的存在却非常明显。[3]

黑尔在《法律分析》一书中将法律分为两类：①民事方面，关于民事权利及其救济；②刑事方面，关于犯罪（crimes）和轻罪（misdemeanors）。不过，在黑尔的著作中，关于犯罪的篇幅很少，而主要部分则是民事法律方面。他在著作的开头这样说：民事法律关于①民事权利或民事利益；②针对上述权利的不法

---

〔1〕 参见［美］艾伦·沃森：《民法法系的演变及形成》，李静冰、姚新华译，中国政法大学出版社 1992 年版，第 94 页。

〔2〕 See Alan Watson, "The Structure of Blackstone's Commentaries", *The Yale Law Journal*, Vol. 97, 1987; Michael Lobban, "Blackstone and the Science of Law", *The Historical Journal*, 30, 2（1987）, p. 799.

〔3〕 See Alan Watson, "The Structure of Blackstone's Commentaries", *The Yale Law Journal*, Vol. 97, 1987; Michael Lobban, "Blackstone and the Science of Law", *The Historical Journal*, 30, 2（1987）, pp. 799~801.

行为和损害；③对不法行为的适当的救济。于是，所有民事权利和民事利益均可以被分为两类：人的权利和物的权利。

我们可以看到，这种将民事权利分为"人的权利"和"物的权利"直接与查士丁尼《法学阶梯》上"人–物–诉讼"的经典分类有着某种历史联系。不仅如此，与查士丁尼的结构安排相同的是，黑尔还将关于继承权利义务的部分归于"物"的类别，而且他认为物权（jura rerum）就其内在属性而言具有"绝对性"。同时，他还对占有的动产与处于诉讼中的物权作了区分。关于后者，他认为并未占有的权利，主要包括这样几种：

（1）由于这些原因产生的债：基于契约（contract）；基于盖印合同（specialty）。后者又可被分为基于债务契据（deed of obligation）和基于具结（recognizance）。

（2）财物：被剥夺或失去占有的；基于不确定的损害而产生的权利，比如毁约；尚未支付或移转的遗产；处于不确定状态中的动产，比如涉及账目的情形等。

（3）尚未获得的年金（annuities）：其中一部分由于履行完毕而被占有；其余的部分则因尚未获得而需要通过诉讼来实现。

不仅如此，事实上，从黑尔《法律分析》的结构安排也可以明显看出查士丁尼《法学阶梯》的影响。按照黑尔在序言中的说法，第1章的内容是关于私法的性质；第2章到第22章的内容是关于人的权利；第23章到第38章的内容是关于物的权利。而这种结构安排和查士丁尼《法学阶梯》的安排相类似，《法学阶梯》的第1卷对应于黑尔的第1章到第22章。尤其是，查士丁尼在第1卷的第一篇和第二篇中也谈到了法律的性质，这又对应于黑尔的第1章。而且，查士丁尼的第2卷和第3卷是关于物、继承和合同的，这又对应于黑尔的第23章到第38章的内容。

不过，黑尔的《法律分析》与查士丁尼的《法学阶梯》在结构上的这种对应关系并不意味着黑尔将英国法的内容整合在罗马法的结构里没有遇到我们前面提到的那些困难。首先，黑尔清楚地意识到了将实体法与程序法分开的必要性；其次，黑尔所面临的困难还在于当时普通法中几乎没有合同法，而侵权法也还处于萌芽状态。[1]黑尔解决这个问题的方法是将合同法的内容放在物的法律中，这就是第28章。因为他认为，合同在很大程度上就如同继承一样，是一种得到物的手段。通过这个方法，黑尔成功地解决了在第38章之前与查士丁尼《法学阶梯》结构匹配的问题。最后，黑尔还面临着如何处理不法行为（wrongs）的问题，在当时的普通法中，不法行为与救济手段（remedies）还难以分离，黑尔解决的方法是将不法行为（无论是侵权还是犯罪）放在关于人和物的部分，而将救济手段作为剩下的部分放在后面，即第39章到第54章。于是，黑尔著作的这一部分就成功地与查士丁尼的第4卷相对应了。[2]

---

〔1〕 关于英国契约法和侵权法的发展过程，See J. H. Baker, *An Introduction to English Legal History*, Fourth edition, Butterworths, 2002, p. 317.

〔2〕 See Alan Watson, "The Structure of Blackstone's Commentaries", *The Yale Law Journal*, Vol. 97, 1987; Michael Lobban, "Blackstone and the Science of Law", *The Historical Journal*, 30, 2 (1987), pp. 799~801.

三、《释义》与查士丁尼《法学阶梯》、黑尔《法律分析》在结构上的承继关系

正是在这样的历史背景下，布莱克斯通开始了对《释义》结构的安排。我们在前面已经看到，布莱克斯通并不准备对查士丁尼《法学阶梯》亦步亦趋。他清楚地认识到，英国法与罗马法之间存在的巨大差异，使得这种结构的完全移植会变得不自然并存在很大缺陷，比如他提到的考埃尔的著作。而他认为，黑尔的著作则兼顾了罗马法结构的合理性和英国法内容的实际特点。我们知道，黑尔一般被认为是继柯克之后最伟大的普通法法学家。除培根外，他是当时英格兰为人所知的训练有素的法学家以及英格兰所有法律学科的大师。除了上面提到的那本著作，他还撰写了《普通法史》等许多普通法方面的著作。[1]因此，布莱克斯通有足够的理由相信黑尔本人足够了解普通法的内在特点以及将罗马法结构应用于英国法内容的实际困难——而这些困难同样也摆在了布莱克斯通面前。

我们在前面已经列出了布莱克斯通的整个结构安排，即在导论之后，第 1 卷关于自然法和人的权利，第 2 卷关于物的权利，第 3 卷关于对个人权利的不法行为，第 4 卷关于公共不法行为。

首先是导论，这与查士丁尼《法学阶梯》中的序言相对应。查士丁尼在序言中"以我主耶稣基督的名义"向"有志学习法律的青年们致意"，并且阐述了学习法律的意义和方式，"皇帝

---

〔1〕 参见［英］戴维·M. 沃克：《牛津法律大辞典》，北京社会与科技发展研究所组织翻译，光明日报出版社 1988 年版，第 394~395 页。

的威严光荣不但依靠兵器，而且须用法律来巩固……"，"这样，你们便可以不再从古老和不真实的来源中去学习法律知识，而可以在皇帝智慧的指引下学习；同时，你们的心灵和耳朵，除了汲取在实践中得到的东西之外，不致接受任何无益的和不正确的东西。因此从前须先学习三年之后，才能勉强阅读皇帝宪令，现在你们一开始就将阅读这些宪令"。[1]而布莱克斯通也在导论中向那些在牛津听讲的贵族青年们致意，并阐述了学习英格兰法的意义和方法。他说：学习法律对于公民个体的意义是，他们可以借此更好地保护个人的生命、自由和财产等权利。对于公共生活的意义是，由于公民可能会担任陪审员，可能去参加议会选举，并且担任国家公职，因此知晓法律能够更好地遵守、保护、改进和实施法律。然后。他回顾了英国法律发展（包括法律教育发展）的历史，指出了大学与以律师会馆为代表的职业法律机构的分离状态，并且分析了法律教育的种种现存问题。他同时告诉学生，"他的课程应被视为关于英国法的一幅全景式地图"，[2]他希望他的课程能够使法律教育的种种问题有所改进。

值得注意的是，在《释义》的第 1 卷关于人的权利的部分，布莱克斯通在阐述了自然法中人的绝对权利（第一章）之后，紧接的是：

第二章：议会（Of the Parliament）

第三章：国王及其权力（Of the King and his Title）

---

〔1〕 参见［罗马］查士丁尼：《法学总论——法学阶梯》，张企泰译，商务印书馆 1989 年版，第 1~3 页。

〔2〕 *Comm.*, Vol. 1, p. 33

第四章：王室成员（Of the King's Royal Family）

第五章：国王之咨议会（Of the Councils Belonging to the King）

第六章：国王之义务（Of the King's Duties）

第七章：国王之特权（Of the King's Prerogative）

第八章：国王之税收（Of the King's Revenue）

第九章：下级文职官员（Of Subordinate Magistrates）

第十章：人民，包括外国人，外籍居民，本国人（Of People, Whether Aliens, Denizens or Natives）

第十一章：牧师（Of the Clergy）

第十二章：婚姻状况（Of the Civil State）

第十三章：军队和海事身份（Chapter the Thirteenth：Of the Military and Maritime States）

第十四章：主人与仆人（Of Master and Servant）

第十五章：丈夫与妻子（Of Husband and Wife）

第十六章：父母与子女（Of Parent and Child）

第十七章：监护人与被监护人（Of Guardian and Ward）

第十八章：社团（Of Corporations）

笔者注意到，这种对于人的权利的安排非常复杂，甚至包括了与人的权利并无直接关系的权力机关，比如议会、国王的咨议会等。有学者指出这实际上属于现代意义上的宪法内容，这和黑尔的结构甚至查士丁尼《法学阶梯》的结构有着明显的不同。不过，在布莱克斯通那里，自然人的权利可以被分为绝对的权利和相对的权利两类。他认为，绝对权属于特定的人，仅仅通过单独的行动或个人行为即可实现，而相对权则适用于当人在社会中和他人发生关系的时候。由于英国当时还是一个等级划分比较严格的社会，有些人（比如国王、议员等）无须和他人发生关系即可拥有一些权利甚至特权，这种与身份相连的权利即为绝对的权利。而普通民众除了自然权利之外，更多的权利则是在与他人发生关系时才会拥有和实现的。[1]

当然，这种解释其实并未直接而清晰地说明布莱克斯通在其中对议会、咨议会这些机构包括其权限进行了详细阐述，并且径直以这些机构的名称而非"议员"或是"咨议会成员"为标题的原因。在笔者看来，布莱克斯通的这种结构安排还是从查士丁尼的《法学阶梯》中获得了某种启发。尤其是当我们将查士丁尼的《法学阶梯》与英国的实际情况结合起来进行考察的时候，会发现这样的安排乃是十分合乎情理的。

首先，查士丁尼《法学阶梯》的第1卷第二篇在谈到自然法之后，谈到"人-物-诉讼"的区分之前，就对法律作了成文法与不成文法的区分，"我们的法律或是成文的，或是不成文的，正如希腊的法律，有些是成文的，有些是不成文的。成文法包括法律、平民决议、元老院决议、皇帝的法令、长官的告示和法学家的解答。"[2]接着，查士丁尼又依次对这些法律渊源进行了说明，包括说明了相应的机构。[3]而我们回头再来看布莱克斯通的《释义》就会发现，从议会到国王再到咨议会，这

〔1〕 See Alan Watson, "The Structure of Blackstone's Commentaries", *The Yale Law Journal*, Vol. 97, 1987; Michael Lobban, "Blackstone and the Science of Law", *The Historical Journal*, 30, 2 (1987), pp. 803~804.

〔2〕 参见［罗马］查士丁尼:《法学总论——法学阶梯》，张企泰译，商务印书馆1989年版，第7页。

〔3〕 参见［罗马］查士丁尼:《法学总论——法学阶梯》，张企泰译，商务印书馆1989年版，第7~11页。

些机构实际上也同样是某种法律渊源的发布机构，而牧师则要遵循教会法的内容。我们知道，在布莱克斯通的时代，从议会到国王都有权制定种种法令，而与此同时又存在着教会法。因此，《释义》在阐述自然法之后紧接着阐述种种法令的发布机构（包括机构中的人员的权力）以及牧师可以说是顺理成章的。

其次，在查士丁尼的《法学阶梯》紧接着的篇章中，也即从第 1 卷第三篇开始，实际上也阐述了处于相互关系中的人的不同权利，比如自由人和奴隶之间的区分、[1]生来自由人与被释自由人的区分、[2]受自己权力支配和受他人权力支配的人、[3]家长权、[4]婚姻、[5]收养、[6]监护等。[7]这与布莱克斯通《释义》的第 1 卷中后面几章的婚姻状况、主人与仆人、丈夫与妻子、父母与子女、监护人与被监护人等内容大体一致。而《释义》中所多出的"军队和海事身份""社团"这两章与当时英国的实际状况有关。

布莱克斯通的《释义》第 2 卷是"物的权利"，这与前述黑

---

〔1〕 参见 [罗马] 查士丁尼：《法学总论——法学阶梯》，张企泰译，商务印书馆 1989 年版，第 12 页。

〔2〕 参见 [罗马] 查士丁尼：《法学总论——法学阶梯》，张企泰译，商务印书馆 1989 年版，第 12~15 页。

〔3〕 参见 [罗马] 查士丁尼：《法学总论——法学阶梯》，张企泰译，商务印书馆 1989 年版，第 17~19 页。

〔4〕 参见 [罗马] 查士丁尼：《法学总论——法学阶梯》，张企泰译，商务印书馆 1989 年版，第 19 页。

〔5〕 参见 [罗马] 查士丁尼：《法学总论——法学阶梯》，张企泰译，商务印书馆 1989 年版，第 19~23 页。

〔6〕 参见 [罗马] 查士丁尼：《法学总论——法学阶梯》，张企泰译，商务印书馆 1989 年版，第 23~26 页。

〔7〕 参见 [罗马] 查士丁尼：《法学总论——法学阶梯》，张企泰译，商务印书馆 1989 年版，第 29~47 页。

尔著作的第 23 章至第 28 章，以及与查士丁尼的《法学阶梯》的第 2 卷和第 3 卷相对应。而契约法的内容作为第 30 章，依然如同黑尔的处理一样，被作为一种获得财产的方式而放在了关于物的权利之下。

至于《释义》的第 3 卷和第 4 卷，它们对应黑尔著作的第 39 章到第 54 章，以及查士丁尼《法学阶梯》的第 4 卷。

其实，《释义》的第 3 卷常常会令现代读者困惑，以为第 3 卷的题目"private wrongs"和现代的侵权法相对应。而实际上，第 3 卷主要处理的是英国法上的民事诉讼程序，也即针对权利的种种救济方式。

在当时的英国，侵权法还刚刚处于发展的萌芽阶段，而且实体法和程序法之间还相互纠缠在一起。因此，摆在布莱克斯通面前的困难便是如何处理这纠缠在一起的一般意义上的侵权法和民事诉讼法的内容。而无论他是将这一部分整体等同于查士丁尼《法学阶梯》的第 4 卷，还是设法用另外一种方式来安排民事诉讼的内容，这些都意味着实体法和程序法的某种分离，也即将第 1 卷中人的权利和第 2 卷中物的权利视为实体法，从而与后面的诉讼程序区别开来。

我们也许会问，布莱克斯通不这样处理可以吗？也就是说，还依然保持着实体法与程序法纠缠在一起的情形？问题的回答其实很简单，倘若如此，那么就根本无法实现他将英国法体系化的目标，他不仅无法安排第 3 卷和第 4 卷的内容，甚至连第 1 卷和第 2 卷也无法安排。在某种意义上，体系化就意味着分类和概括。而布莱克斯通有着良好的罗马法知识并且熟悉英国法律史上类似的将罗马法结构与英国法内容整合在一起的前人的努力。这种体系化的需要加上理论上的准备使得从结构上对于实体法和程序法的分离成为可能。需要注意的是，这里的"分离"仅仅是结构上的分离，而并不意味着实质内容上的分离。

布莱克斯通认识到，任何一个民事诉讼的提起都意味着：①存在一种权利（包括人的权利和物的权利）；②权利被别人侵犯的事实。由此，他可以将民事诉讼作为法律上的个人不当行为来处理，同时也可以将一般意义上的侵权法的实体内容放在个人不当行为的标题下面。也就是说，布莱克斯通认识到，人们感受强烈的首先并非一种肯定性的对权利的占有，而可能是权利被侵犯或剥夺时的一种否定性观念，而只要着眼于权利被侵犯（以及相应的民事诉讼）的事实，便可以相应地说明了权利。[1]这样，根据这种观念，他便可以将原本纠缠在一起的实体上的权利和程序上的诉讼在结构上实现某种分离。

当然，需要注意的是，在布莱克斯通之前，黑尔实际上也已经这样做了。黑尔在他的《法律分析》序言部分将私法分为权利和救济。在第1章的开头，他就认为救济可以与针对权利

---

〔1〕 在这里，我们必须理解罗马法和普通法之间的某种区别，在普通法中不存在罗马法意义上的对物诉讼（in rem），也没有单独针对占有的救济手段。因此，财产法上的某些救济手段只能通过主张权利受到不当行为的侵犯而得到解决。因而，如果占有人打算主张自己的占有权以反驳他人提出的异议，其必须宣称后者实施了侵犯其权利的某种侵害行为（trepass）。如果争议所涉及的是对物的权利，则必须宣称发生了侵占物品的某种侵占行为（conversion）或者要求返还被侵占的物品（detinue）。如果其主张的是某种地产权，其必须提出另外的相应的侵权行为的指控。参见〔英〕巴里·尼古拉斯：《罗马法概论》（第2版），黄风译，法律出版社2005年版，第236~237页。另外，当代经济学家的一些研究也可以加深我们对这一问题的理解。在某种意义上，只有通过否定性的权利观念，才能够更好地界定权利，并且界定权利的边界。参见〔美〕A. A. 阿尔钦：《产权：一个经典注释》，载〔美〕R. 科斯等：《财产权利与制度变迁——产权学派与新制度学派译文集》，上海三联书店、上海人民出版社1994年版，第166~178页。

的不当行为联系起来。当然，在黑尔那里，权利与救济之间的区别并不那么显著，不过这仅仅因为他并没有将他的章节形成一卷书。这就使得一些明显处理救济的章节看起来并没有牵涉不当行为（wrongs）。不过，黑尔并没有在章节上用"rights"和"wrongs"这样简洁而对称的方式来安排整个结构。也许有人会认为布莱克斯通将"权利"（rights）作为第 1 卷和第 2 卷的标题，以及将"不当行为"（wrongs）作为第 3 卷和第 4 卷的标题显得过于夸张。不过，其实学者们常常难以抵抗这种对称、美观的形式的诱惑。[1]我们还不要忘记，布莱克斯通毕生都是一位诗歌韵律的爱好者。

布莱克斯通《释义》的第 4 卷对应查士丁尼《法学阶梯》第 4 卷的最后一篇"公诉"，造成篇幅差距如此之大的原因主要是当时英格兰刑法方面的法律已经占据了一个相当重要的地位。[2]而查士丁尼时期的法学家则并不那么重视刑法。

至此，我们看到，布莱克斯通通过对查士丁尼《法学阶梯》和黑尔《法律分析》的参照，已经构建了一个以权利（rights）为核心的对称优美的结构。

小　结

我们知道，在布莱克斯通所处的时代，英格兰已然存在两

---

〔1〕　See Alan Watson, "The Structure of Blackstone's Commentaries", *The Yale Law Journal*, Vol. 97, 1987; Michael Lobban, "Blackstone and the Science of Law", *The Historical Journal*, 30, 2 (1987), pp. 804~806.

〔2〕　See Gerald J. Postema, *Bentham and the Common Law Tradition*, Oxford: Clarendon Press, 1986, pp. 263~301.

种悠久的法律传统：罗马法传统与普通法传统。[1]就法律教育层面而言，前者通过大学承接，而后者则通过律师会馆延续，我们在前面对这两种法律教育模式已经有过详细讨论。就法律著作层面而言，前者主要表现为《民法大全》，特别是查士丁尼的《法学阶梯》，以及对这些罗马法经典文献进行阐释、评注、研究的著作。而后者则大致有以下几种形式：第一类是对种种令状、判例进行整理、评注和汇编的著作，比如最早的"格兰维尔"，比如利特尔顿的著作，柯克的著作。这类著作由于立基于具体的令状和判例，因此在结构上显得较为凌乱，而律师除非浸淫已久，否则很难对其进行很好的把握，而这一类著作可以被视为最能体现普通法传统特色的著作。第二类法律著作存在一定的体系性，但基本上依靠的是日常简单的分类标准，比如成文法令的汇编（法律辞典），其编排的主要标准是字母顺序或者时间顺序。第三类则是试图用罗马法结构特别是查士丁尼《法学阶梯》的结构来整合英国法内容的法律著作，早期有布拉克顿的著作，不过囿于当时英国法的实际状况，这部著作还无法很好地实现整合两种法律传统的任务。尽管这部著作一度被作为早期律师会馆的必读书目，但是随着时间的推移，这部书的内容就显得过时了。[2]后来，直到17世纪，开始有学者完全以查士丁尼《法学阶梯》的结构为模本来整合英国法的内容，

---

〔1〕 "普通法传统"似乎是庞德教授最早提出来的一个词语，不过后来又有许多学者相继使用并阐释了这个概念。参见［美］罗斯科·庞德：《普通法的精神》，唐前宏、廖湘文、高雪原译，夏登峻校，法律出版社2001年版；［美］卡尔·N. 卢埃林：《普通法传统》，陈绪刚、史大晓、全宗锦译，中国政法大学出版社2002年版。

〔2〕 See J. H. Baker, *An Introduction to English Legal History*, Fourth edition, Butterworths, 2002, p.176.

考埃尔的著作 *Institutiones Iuris Anglicani* 出版于 1605 年，是一部非常准确地按照查士丁尼《法学阶梯》的篇章结构来组织的著作。实际上，在这一时期，欧洲各个国家出现了许多以属地法为基础但是又带有明显《法学阶梯》痕迹的著作——它们不仅直接以《法学阶梯》的结构为模本，而且径直就将自己的著作冠以"法学阶梯"的名字。此后，还有芬奇和伍德等人的类似著作。不过，这种简单照搬的整合方式并不能够令布莱克斯通满意，因为这些作者并没有很好地照顾到英国法不同于罗马法的一些固有特征。比如，英格兰的实体法和程序法互相纠缠在一起，英国的契约法是晚近才发展起来的特点。

布莱克斯通对于利用罗马法结构来整合英国法内容的种种困难有着清醒的认识。不过，讲授英国法的任务使得他必须将英国法体系化。因为正如当时一般人认为的那样，以众多散乱的判例和令状为基础的英国法根本不适合在大学中进行讲授。由于他曾经在牛津获得过民法博士学位，所以自然而然地将查士丁尼《法学阶梯》的结构以及著名的"人–物–诉讼"作为参照的模本。为了将英国法体系化，他必须将英国法中本来纠缠在一起的实体法与程序法在结构上作出某种分离。他认识到，诉讼程序可以被视为一种对不法行为的救济手段，而不法行为本身则是对权利的侵犯，于是他实现对权利和不法行为的二分，并且顺理成章地将诉讼程序安排在以不法行为为标题的篇章。同时，针对当时英国法中契约法尚处萌芽的现状，他将契约作为一种获得财产的手段而放置在了物的权利下面。当我们考察英格兰历史上的法律著作的时候，可以发现布莱克斯通处理问题的方式与黑尔之间的相似性。而实际上，布莱克斯通也承认了他从黑尔那里获益良多。

在利用罗马法结构整合英国法内容的作者中，布莱克斯通绝非第一个，但却是最为成功的一个。布莱克斯通以查士丁尼《法学阶梯》为模本，并从黑尔那里借鉴了一些克服困难的方法，最终构建出了一个适应当时英国法内容的全面细致并且优美对称的结构框架。这在形式上满足了他将英国法体系化的要求。

不过，这种形式上的体系化并不一定意味着同时实现了具体内容内在逻辑上的体系化，而倘若一门学科可以被称为科学的话，那么不仅需要结构上的体系化，而且还同时需要内在逻辑上的体系化。甚至，这种内在逻辑上的体系化更为关键。因此，接下去我们将讨论《释义》是否在内在逻辑上实现了体系化。

第四章
《英格兰法释义》内容体系化的一般逻辑

一、体系化的问题之一：在自然法与法律实证主义之间

我们在上面讨论了布莱克斯通以查士丁尼的《法学阶梯》为模本构建了一个优美对称的结构。不过，布莱克斯通并不打算到此为止，除了在形式上体系化，他还试图使英国法内容形成一个逻辑严谨的体系，甚至形成一门科学。我们在前面谈到过，布莱克斯通在导论中曾经批评律师会馆教育模式"仅仅囿于法律实践的研习将使学生感到困惑，因为脱离了一般抽象概念规则将使一般原则失去基础，从而变得无法理解"。[1]他进而指出："如果法律学生能够运用清晰而简单的规则（里面蕴含着纯粹而并不复杂的逻辑）进行准确地推理，并且能够分清谬误；如果他能够专心致志，并利用数学那样精确的演绎推理方式去持之以恒地追求真理；如果他能运用一种真正的经验的哲学视野来拓宽他对于自然和技艺的理解；如果他已经在脑海中铭记了自然法的普遍原理——这是人类法律最好和最可信的基础；

---

[1] *Comm.*, Vol. 1, p. 32.

最后，如果他能够在将自然法的普遍原理深思熟虑之后并将它运用于法律实践，……那么这个法律学生将成功地获得令人难以置信的好处和名声。"〔1〕

无疑，布莱克斯通在对律师会馆进行批评和对法律学生表达期望的同时也阐明了自己的理想。他希望通过自己的讲授能使英国法成为一个可以从一般原理进行演绎推理并运用于法律实践的体系。同时，他认为应该将自然法的普遍原理作为进行演绎推理的一般原理。我们知道，正如在前面讨论大学法律教育时已经指出的那样，从查士丁尼的《法学阶梯》到中世纪的大学法律科学，整个罗马法传统的思维模式都是从一般原则出发进行演绎推理的。因此，布莱克斯通并不仅仅借鉴了罗马法的结构，他同时也试图借鉴其中内在的逻辑推理模式，即从一般原理出发进行演绎推理的模式。当然，他还需要从其他地方借鉴自然法理论作为这种推演的一般原理，这个自然法理论来源便是德国法学家普芬道夫（Pufendorf，1632 年—1694 年）和我们前面提到的伯拉马基。虽然伯拉马基的书后来受到了广泛的欢迎，但它实际上是由格劳秀斯、普芬道夫和其他一些人创立的近代自然法理论的一个普及本。事实上，布莱克斯通的第一章就是对伯拉马基概括的欧洲大陆自然法理论的一个总结。〔2〕

布莱克斯通的《释义》阐述自然法理论的脉络大致如下：

他首先指出，"law"这个词就其一般而广泛的含义来说，

---

〔1〕 *Comm.*, Vol. 1, p. 33.

〔2〕 参见［美］卡尔文·伍达德、张志铭：《威廉·布莱克斯通与英美法理学》，载《南京大学法学评论》1996 年第 2 期；［美］肯尼思·W. 汤普森编：《宪法的政治理论》，张志铭译，读书·生活·新知三联书店 1997 年版，第 90 页。

表示一种运动的规律。不仅包括自然界的运动，而且包括人类社会的运动。[1]当上帝创造宇宙的时候，其就同时规定了种种事物的规律和原则，而人自身也要遵守相应的规律，遵守上帝的意愿。而这个上帝的意愿就是自然法（the law of nature）。对于上帝而言，当他创造万物时，就赋予了它们运动的本性并且规定了运动的规律和方向。因此，当它创造人的时候，就一方面使其具有自由意志和行动能力，另一方面又为其规定了关于人类本性的永恒法律，这就是人的自由意志也要受到管理和约束的原因。同时，上帝还赋予了人们理性的能力，用来发现这些永恒法律。[2]

由于上帝拥有无限的力量，所以他当然能够为人类规定任何法律，包括不公正和苛刻的法律。但上帝同时也拥有无限的智慧，所以其就依照人的本性规定了那些和正义相联的法律，这就是关于正义和非正义的永恒的法律。同时，他又使人类理性能够认识和发现这些法律，以便作为行动的指南。这些基本原则便是：为人诚实，不损害别人，给予每个人他应得的部分。而这其实就是查士丁尼的《法学阶梯》阐述的法律的基本原则。[3]

不过，对于这些基本原则的发现，如果仅仅依靠人们理性的正确运用，甚至只有通过严谨的形而上学思辨才能实现，那么人类很可能会怠于这样去做。而上帝不仅拥有无限力量和无限智慧，还拥有无限美德，而且还将德性赋予人类，这样人类就不用借助其他动力而仅仅依靠自爱（self-love）就可以探寻和

---

〔1〕 *Comm.*, Vol. 1, p. 38.

〔2〕 *Comm.*, Vol. 1, pp. 39~40.

〔3〕 *Comm.*, Vol. 1, p. 40；参见［罗马］查士丁尼：《法学总论——法学阶梯》，张企泰译，商务印书馆 1989 年版，第 5 页。

发现这些人类行动的普遍规律和正义原则了。因为人和人之间的正义和福祉是紧密关联的，所以人们可以通过别人和自己的幸福或不幸福来感知那些复杂的规则。同时，"人们应该追求他自己真正而实在的幸福"——这是所谓道德或自然法的基础。于是，只要是有利于人类福祉的，就会符合自然法，而破坏人类福祉的，则会为自然法所禁止。[1]

自然法为上帝所宣示，而又与人类相伴生，因此其效力及于所有时间和所有国家，任何人类的法律倘若与自然法相冲突，终将归于无效。[2]

即使这种自然法适用于每个人依然需要个人通过理性去发现它，但是现世人们的理性已经不似起初那样完美，已经堕落并且充满愚昧和错误。于是就需要神法的启示，而神法是被发现的自然法。[3]

人法建立在自然法和神法的基础之上。因此，任何人法都不能与自然法和神法相矛盾。自然法和神法只规定那些最基本的原则，从而留下更大的空间由人法来规定。[4]

如果人们生活在自然状态下，不和其他个人发生联系，那么将只有自然法和神法。因为在自然状态中，人和人之间是平等的，没有人拥有制定法律的权力。正如普芬道夫所描述的那样，人无法单独生活，而且也没有勇气单独生活，因此就组成了社会。不过，人类的所有民族不可能组成一个庞大的社会，因此就形成了一个个单独的政府、联邦和民族。他们虽然彼此独立，不

---

〔1〕 *Comm.*, Vol. 1, p. 41.

〔2〕 *Comm.*, Vol. 1, p. 41.

〔3〕 *Comm.*, Vol. 1, p. 42.

〔4〕 *Comm.*, Vol. 1, pp. 42~43.

过还是会发生交往，因此就需要规范这种交往关系的法律，这就是
"国际法"。而与此同时，国内法或市民法也相应产生。[1]

国内法是"由一个国家的最高权力所规定了的哪些行为是
正当权利或是不法行为的种种规则"。它具有持久性、一致性和
普遍性。同时，它仅仅约束人们的行动领域，而不约束人们的
道德或信仰。在这里值得注意的是，布莱克斯通认为服从法律
并不依赖于人们对它的认可，而是依赖于制定者的意志。[2]

从上面布莱克斯通从自然法到国内法之间的理论脉络来看，
我们可以发现这样几点非常重要：

第一，他认为自然法具有普遍性，任何人法或国内法倘若
与它相矛盾，便将失去效力。按照布莱克斯通的理论，发现自
然法需要借助理性。同时，判断一个法律是否与自然法基本原
则相冲突同样需要依靠人们自身的理性。于是，我们可以看到，
理性就成了连接自然法与人法的某种枢纽。这其实意味着某种
"法律的发现观"。[3]不过，布莱克斯通并不认为仅仅依靠具体
个人的理性就可以判断具体法律是否违背了自然法。他在另外
的地方赞同了柯克的观点，认为单个个人的理性已经散落在了
时间的薄雾中。于是，能够作出这一判断的就并非个人，而是
时间的权威。[4]因此，作为一种最高准则的自然法虽然是永恒
的，但它却被镶嵌在了被历史隐藏的理性当中。

第二，他认为自然法的基本原则是查士丁尼的《法学阶梯》

---

〔1〕 *Comm.*, Vol. 1, p. 43.

〔2〕 *Comm.*, Vol. 1, p. 44.

〔3〕 关于这种法律的发现观，参见 ［美］爱德华·S. 考文：《美国宪法的"高
级法"背景》，强世功译，读书·生活·新知三联书店1996年版，第1页以下。

〔4〕 *Comm.*, Vol. 1, pp. 69~70.

里阐述的"为人诚实，不损害别人，给予每个人他应得的部分"，而这几条原则其实同时也具有道德含义。所以，他认为，人们应该追求自己的幸福，并将此作为道德或自然法的基础。这就意味着，布莱克斯通心目中的自然法同时也具有道德含义，而不仅仅是作为逻辑上形成体系和演绎推理的基本原则。

第三，布莱克斯通认为国内法是"由一个国家的最高权力所规定了的哪些行为是正当权利或是不法行为的种种规则"，因此国内法应该约束人们的行为，而不干涉人们的道德领域。

第四，布莱克斯通在阐述国内法的时候，认为人们服从法律并不依赖于人们对它的认可，而是依赖于制定者的意志，这句话又基本上坚持了某种法律实证主义的立场。

对于布莱克斯通而言，国家的最高权力就是立法权，当然这并非我们一般意义上的立法权。这其实是霍布斯意义上的主权。实际上，由于普芬道夫赞同霍布斯的观点，[1]因此布莱克斯通在借鉴普芬道夫自然法理论的时候也相应地受到了霍布斯的影响。布莱克斯通认为，人类的需要和恐惧使得他们从自然状态进入了公民社会，公民社会的起点是无政府状态，而其倾向则是专政。既存在着人们的权利被专横的、暴虐的君主所压抑的时代，也有这种权利和自由非常放肆以至达到无政府状态的时代。相比较而言，无政府状态要比专政更糟糕，因为有一个政府总比没有好，否则人们就将退回到自然状态了。[2]因此，布莱克斯通认为，由主权者发布的法律必须得到人们的遵守，

---

〔1〕 参见［美］E. 博登海默：《法理学：法律哲学与法律方法》，邓正来译，中国政法大学出版社1998年版，第44页。

〔2〕 *Comm.*，Vol. 1，p. 48，p. 127.

人们的权利和不法行为之间的界限需要由国内法来规定。甚至当国内法与自然法可能会发生冲突的时候，也首先应遵守国内法而非自动地求助于自然法本身。与普芬道夫一样，他认为永恒的自然法除非得到统治者的认可，否则对人们的行为便没有效力。而人们所谓的绝对权利虽然建立在自然和理性的基础之上，但却可能会随着政体的变化而变化，因此它们依然是基于人性而非形而上学的。[1]

不过，我们知道，普芬道夫认为，在通常的情况下，公民没有权利反抗违反自然法的君主，但还留有了特殊情况，即只有在君主成了国家的真正敌人并使国家面临实际危险的非常情况下，个人或人民才拥有权利为保卫自己和国家的安全而反抗君主。[2]那么，布莱克斯通在这一点上是否依然追随普芬道夫呢？

事实上，布莱克斯通同样也意识到了在理论上个人或人民依然有反抗统治者进行革命的权利，但他却否认了在实践中和在法律上的反抗权利。他认为，因为统治者的权力在法律上并没有界限，所以法律根本就无法知道哪里是统治者行为的边界。他认为，宪法一经确立，统治者的权力同时就变得没有边界。[3]事实上，在布莱克斯通那里，人们由自然状态过渡到公民社会仅仅是一种形而上学的工具，他试图以此来说明个人权利、义务和政府的权力，而他并不认为这种由自然状态到公民社会的过渡事实就同时意味着某种关于自然法原则契约的形成。

---

〔1〕 *Comm.*, Vol. 1, p. 123.

〔2〕 参见 ［美］E. 博登海默：《法理学：法律哲学与法律方法》，邓正来译，中国政法大学出版社 1998 年版，第 45 页。

〔3〕 *Comm.*, Vol. 1, p. 157.

他认为，由自然状态出发并不能够产生任何法律上的义务，而只能产生一种道德上的义务。[1]自然法只能作为某种判断正确与否的依据，但是并不能够作为对违法行为进行救济的法律手段，除非依靠自己的私力救济。[2]因此，自然法只能在个人层面上有效，而在公共层面上则要受到许多限制。

布莱克斯通认为，不仅在个人和人们是否有权利反抗统治者的问题上自然法不能取代国内法，事实上，他认为在针对个人违法行为的私力救济以及刑罚的具体问题上自然法的原则也要受到一定的限制。洛克认为，一个人倘若遭遇到了不公正的任何形式的武力，那么这就意味着将他推入到了与动武者的战争状态。因而，作为结果，他就可以合法地杀死将他推入这种非自然的强制之下的动武者。布莱克斯通认为，一定不能像洛克那样不切实际地贯彻这种原则。他认为，这个原则在未开化的自然状态下也许是正当的，因为那是作为自然法的原则而存在的，但在像英国这样的得到良好管理的公民社会中，国家由于非常关注人民的和平和生命，因此不会采取那么有争议的制度；也不会泰然地容忍通过杀死对方来遏制犯罪的做法，除非有人犯了同样的罪行被处以死刑。[3]不过，英国的法律的确为这个私力救济的杀人规则提供了例外，也就是所谓的正当防卫的杀人规则。比如，在一个人与另一个人发生争执的过程中，为了保护自己免受攻击和杀害而将攻击者杀死，其就可以免遭法律的惩罚——倘若等待法律的帮助就会面临着直接而即时的

---

〔1〕 *Comm.*，Vol. 1，pp. 47~48.

〔2〕 *Comm.*，Vol. 1，p. 186.

〔3〕 *Comm.*，Vol. 4，pp. 181~182.

危险和痛苦，而且也并无其他的可能办法来躲避攻击者。[1]不过，在布莱克斯通看来，最好的解决办法还是，如有可能，受到攻击的人必须转头就跑，而在事后再将攻击者送上法庭。显然，布莱克斯通在这里还是倾向于首先维护国内法而非自然法。

这种强调国内法和主权者的观念影响了布莱克斯通的整本著作。当布莱克斯通在阐述政府的三种政体形式——18 世纪经典的政体分类（君主制、贵族制和民主制）——的时候，他指出，在所有这些政体中，存在并且应该存在一个至高无上的、不受限制的、绝对的权威，这就是主权的体现者。[2]事实上，立法者甚至可以重新制定政体的形式和相应的法律。当然，需要注意的是，布莱克斯通对主权的强调并不意味着他赞同专制，因为无论是哪种政体，对于主权的强调却并不必然意味着赞同专制，强调主权和国内法与是否赞同专制是两个层面上的问题。事实上，布莱克斯通还在一定程度上赞同孟德斯鸠关于分权的学说。[3]

从某种意义上而言，布莱克斯通的《释义》是围绕着"权利"这一概念展开的。关于这一点，我们在前面已经指出过，可以从整部著作的结构看出来：第 1 卷和第 2 卷的标题都被冠以"权利"，而第 3 卷和第 4 卷则是对侵害权利的不当行为的救济。但是，布莱克斯通著作中的"绝对权利"事实上也并非自然权利。在布莱克斯通那里，绝对权利的类别直接来自洛克的

〔1〕 *Comm.*, Vol. 1, p. 184.

〔2〕 *Comm.*, Vol. 1, p. 49.

〔3〕 参见 ［英］M. J. C. 维尔：《宪政与分权》，苏力译，生活·读书·新知三联书店 1997 年版，第 95~96 页。

分类，即生命和安全的权利、自由权以及财产权，但是其实质含义却并不符合"绝对权利"的标准。首先，就生命权而言，布莱克斯通并不承认一个人在快要饿死的时候有偷盗别人食物的权利，同时也不承认在遇到危急情形的时候有使用社区财物的权利。事实上，问题的关键并不在于布莱克斯通是否承认在自然法层面上生命的权利是绝对的，因为许多学者在这里并不一定能够达成共识，[1]问题的关键在于布莱克斯通否认这种权利的依据乃是作为国内法的穷困法令（Poor Law）。也就是说，布莱克斯通并没有纠缠于自然法层面上应该不应该的问题，而只是根据国内法来回答了这个问题。[2]其次，关于自由权（包括迁徙权），布莱克斯通用支持这个权利的依据同样也是国内法，而正因为是国内法，所以也就存在着被修改的可能。事实上，迁徙自由的权利的确也受到了一些法令的限制。[3]最后，关于财产权，布莱克斯通在第 1 卷中将它视为自然法的一个方面，[4]但在后来又描述成居民众多的社会中的一种人为创造。[5]因此，他实际上认为这是一种基于法律的权利而非自然权利。他仅仅认为财产权中的使用权是某种自然权利。[6]

因此，我们在仔细讨论布莱克斯通的自然法思想时，会发现他一方面在理论和形而上学层面承认自然法是永恒的，任何

---

〔1〕　关于在极端饥饿的情况下人们是否有从别人那里获取（甚至通过非法手段获取）食物的权利，当代一位思想家的著作值得重视。参见［印］阿马蒂亚·森：《贫困与饥荒》，王宇、王文玉译，商务印书馆 2001 年版。

〔2〕　*Comm.*, Vol. 1, p. 127.

〔3〕　*Comm.*, Vol. 1, p. 131.

〔4〕　*Comm.*, Vol. 1, p. 138.

〔5〕　*Comm.*, Vol. 2, p. 7.

〔6〕　*Comm.*, Vol. 2, p. 11.

人法的规定倘若与其发生冲突均将自然失去效力，但另一方面在法律和实践层面他又竭力维护国内法的权威，强调人们对国内法的服从，认为人们在法律上并无反抗统治者的权利，甚至在私力救济层面，在所谓的绝对权利上，自然法的原则也要受到某种限制。

当然，布莱克斯通的这一理论取向同他观察到的 18 世纪英国议会的强大有着密切关系。在关于当时议会权力的描述中，德·洛尔默（De Lolme）的一句名言被人广泛引用。他说，议会除了不能把男人变成女人和把女人变成男人外，什么事情都可以做。[1]在关于议会的权力和管辖范围问题上，布莱克斯通这样写道："它享有最高的、不受约束的权威去制订、确认、增补、限制、缩减、废除、恢复和解释法律，不论这些法律涉及何种事项类型：教会的或世俗的，民事的、军事的或刑事的。在这里，在所有政府形式中都或多或少的绝对专制性权力被这些王国的宪法赋予给了这个机构……简言之，它可以做任何并非当然不可能的事情；也正因为这样，有些人毫不犹豫地使用有些大胆的称谓，将其称为议会的无上权威（omnipotence of parliament）。的确，对于议会所做的事情，地球上没有任何权威能够将其撤销。这样看来，对这个王国的自由来说非常重要的一个因素就是，必须把这种最重要的信任托付给议会的成员，他们因正直、刚毅和博学而声明显赫；因为正像伟大的财政大臣伯利勋爵（Burleigh）的那句著名的格言所说的那样：'英国

---

〔1〕 参见［英］W. Ivor. 詹宁斯：《法与宪法》，龚祥瑞、侯健译，生活·读书·新知三联书店 1997 年版，第 117 页。

永远不会被议会毁掉'。"〔1〕

我们可以看到，事实上，布莱克斯通非常重视既存的制度和传统，而他写作《释义》的其中一个出发点也就是论证现存制度本身就是理性的。这就意味着，在布莱克斯通那里，法律归根结底并非由一般原则演绎出来，而是被规定了的——当然这是由悠久的传统和时间所决定的。布莱克斯通一再告诉人们古老的法律规则的结构非常精妙，"这些规则紧密地联系、交织在一起，它们互相支持、互相说明、互相证明"。〔2〕他甚至认为："国内法是某种永恒的、一致的、普遍的东西。"〔3〕

因此，在布莱克斯通试图建构的体系当中，作为演绎推理出发点的自然法基本原则遇到了很大问题，它并不能够帮助布莱克斯通形成一个逻辑一致的体系。这种重视现存制度的实证主义倾向使得布莱克斯通忽视了——或者不得不忽视了——作为演绎推理出发点的自然法基本原则的效力以及立基于其上的理论体系的建构。事实上，对于布莱克斯通而言，比演绎推理理论体系更重要的乃是法官的角色，法官可以通过具体的案件来发现那些散落在时间薄雾中的理性和人们的自然法观念。〔4〕而这种发现法律的方式与演绎推理体系就本质而言是对立的，它乃是由司法出发来发现理性乃至自然法的。于是，我们可以看到，当布莱克斯通在试图构建一个演绎推理体系的时候，他最终还是滑向了传统普通法的思维模式——由以法官为中心的

---

〔1〕　*Comm.*，Vol. 1，pp. 160~161.
〔2〕　*Comm.*，Vol. 2，p. 129.
〔3〕　*Comm.*，Vol. 1，p. 44.
〔4〕　*Comm.*，Vol. 1，p. 69.

具体司法实践来发现理性和体现理性的模式。

二、体系化的问题之二：在逻辑与历史之间

在上面我们讨论过，布莱克斯通不仅以查士丁尼的《法学阶梯》为模本构建了一个体系化的结构，而且还试图使英国法内容的内在逻辑相应地实现体系化。他本来希望以自然法的基本原则作为体系所需的演绎推理的出发点，但是在借鉴普芬道夫和伯拉马基的自然法思想，以及对英国现存制度的特点进行观察的过程中，最终还是坚持强调要遵守主权者和国内法。于是，这种自然法和法律实证主义的矛盾使得一个演绎推理的体系难以实现。如果说，前面着重讨论的是演绎推理形式逻辑的宏观层面，那么接下去的讨论重点便是这种演绎推理所处理的英国法具体内容的微观层面，也即基于悠久历史而形成的英国法的内容是否能够被纳入一个逻辑一致的体系。

我们在前面指出过，就查士丁尼的《法学阶梯》能否作为整合和系统化英国法内容的模本这一点而言，英国法律学家面临着比欧洲大陆法学家更大的困难：第一，英格兰法中最为关键的地产法律制度是古老的封建制度的结果，而这在相当程度上根源于历史的原因；第二，英格兰的实体法和程序法互相纠缠在一起，甚至程序先于权利，"无司法救济即无权利"；第三，英国的契约法是晚近才发展起来的，甚至可以说仅仅始于 19 世纪与 20 世纪；早期王室法院不予受理有关契约的诉讼，后来则用侵权这个程序取代了有关契约的诉讼。

我们已经看到，在结构安排层面，布莱克斯通已经成功解决了这些问题，关于第一点，事实上在结构层面基本不构成任

何困难。因为至少从表面来看，无论是罗马法还是英国法，都包含着关于土地的权利，因此将地产制度纳入"物的权利"乃是顺理成章的事情；第二点是最为困难的，但他通过借鉴黑尔的做法得到了解决；关于第三点困难，他是通过将契约作为获取物的一种手段而放置在"物的权利"当中解决的。但是，需要注意的是，这种结构层面上对问题的解决并不意味着在内容的逻辑层面上对问题的解决。事实上，在后一方面，布莱克斯通遇到的困难将是根本无法克服的。对于布莱克斯通试图达至的体系化目标而言，种种具体制度应该由基本原则推导出来，并且和其他制度构成一个逻辑一致的整体。但在英国法中，关键的地产制度和令状制度却是历史的产物。而正如波洛克（P. Pollock）指出的那样："我是一个法学家；但在我看来，一个人如果没有远远超出一般课本的更多的历史批判知识，他是不可能理解英国法律的。"[1]这意味着，理解普通法所需的历史视野和布莱克斯通试图达到的演绎推理的体系之间存在着某种不可调和的矛盾。

布莱克斯通在《释义》第 2 卷讨论地产制度之前，插入了一章专门讨论英国封建制度及其历史。他指出，倘若对英国封地、领地制度的性质和原则缺乏一般的了解，就根本不可能理解这个王国的民事制度和土地制度。[2]他无疑是正确的——英国的地产制度是如此复杂和缺乏逻辑，以至于根本无法从中归纳出演绎推理的一般原则。这就意味着布莱克斯通不得不在著作中通过讲述历史的方式来说明现代法律的由来。根据李红海

---

〔1〕　参见［英］乔治·皮博迪·古奇：《十九世纪历史学与历史学家》（下册），耿淡如译，卢继祖、高健校，谭英华校注，商务印书馆 1997 年版，第 622 页。

〔2〕　*Comm.*，Vol. 2，p. 11.

的研究，理解中世纪英国封建保有制的关键在于理解"保有"
（tenure）和"地产权"这两个概念。前者揭示的是各种具体的
保有方式，反映的是封建保有制"公"的一面；后者揭示的是
封建保有制"私"的一面。而为了说明这些内容，梅特兰在他
杰出的法律史巨著中用了 3 章 34 节近 500 页的篇幅来进行说
明。[1]仅仅从这一点就可以看出布莱克斯通不得不通过阐述历
史来阐释当下土地保有制度的某种必要性。

　　不过，布莱克斯通并不准备完全从历史的角度来阐述英国
法的内容，因为他依然有着理论化的理想。在对土地保有制度
的阐述中，他将这一部分整合成一个制度逐渐演变并在 17 世纪
达到完美状况的编年体结构。在此基础上，他声称封建制度中
存在一种内在的理论化和体系化的形式，并且随着时间的推移
逐渐清晰和完善。于是，他声称，无论封建保有制度的起源如
何，它依然是一种逻辑一致的制度；历史和逻辑在这里互相缠
绕，因此回顾历史便意味着阐释公共政策诸多方面的基础以及
法律中理性的来源。[2]在关于封建制度的讨论中，布莱克斯通
为了说明现存制度的合理性，不得不运用历史来解释其中的原
则以及那些被遗弃的制度的不合理性。于是，从某种意义上而
言，封建制度的逻辑就可以超越历史并且能够用来证明当下现
存制度的合理性。[3]不过，布莱克斯通的这种分析进路事实上已
经并非某种演绎推理的体系化方法，他并不将法律视为一种逻辑
一致并且自洽的科学体系，而是通过历史的描述来归纳出其中原

---

〔1〕　参见李红海：《普通法的历史解读——从梅特兰开始》，清华大学出版社
2003 年版，第 144 页。

〔2〕　*Comm.*，Vol. 2，p. 52.

〔3〕　*Comm.*，Vol. 2，p. 57.

则的合理性。他不得不将分析过程着眼于历史的实际情况，并且运用历史的概念来解释英国的封建保有制度。不仅如此，他为了获得一种与当时法律相一致的纯粹的基本原则，从而证明现存法律仅仅是一种永恒理性的延续并建立在这些基本原则的基础之上，甚至没有提到其中的一部分古代历史史实。通过这种手法，他虽然使著作中的封建制度部分看起来显得体系化了，但是对于这部分的阐释和理解依然需要对实践和历史的描述。更何况，这种根据需要剪裁历史的方式本身就意味着历史在其中的重要意义。事实上，布莱克斯通在叙述封建保有制度的时候，其方法在更大程度上是一种分类的方法，而并非某种体系化的思考方式。[1]

这种对于英国法具体特征的分类方法在《释义》第 3 卷中关于诉讼形式和诉讼程序的讨论中体现得更为明显。

我们知道，中世纪的诉讼以"令状"为基础。在当时，令状是来自教会或世俗上司的信件，其中包含给受件人的信息，通常是一个要求或一项指示。在法律上，令状是国王对有关争议问题的简明指示，命令接收令状者将被告传唤到法院并在当事人出席的情况下解决纠纷。后来令状的文本逐渐标准化，就形成了固定的"诉讼形式"（forms of action）。到 12 世纪末，由大法官签发的定型令状约有 75 种，在 13 世纪和 14 世纪，令状数量大幅增加，它们被以半官方的形式收集在一起。到 14 世纪末，王室法院的法律创造力渐趋衰弱，这些法院的诉讼程序在许多方面都过于原始和充满形式主义，可适用的法律变得太过僵硬和残缺不全；败诉往往只是因为技术上的错误，或者是因为证人受贿、诉讼程序的

---

〔1〕 See Michael Lobban, "Blackstone and the Science of Law", *The Historical Journal*, 30, 2（1987）, pp. 330~331.

捉弄及对手的政治影响。于是，后来便出现了以大法官判决为基础的一套复杂的衡平法规则，衡平法发展出了许多救济手段，它们是对普通法中过于原始的诉讼制度的补充。[1]就令状的种类而言，开始时包括债务、返还被侵占财产、契约、返还扣押财物以及账目等，后来种类又有所扩大，增加了侵权令状，并且包括了侵犯不动产、非法占用他人财物以及违约赔偿等，而且对于这些令状还有不同的解释，令状本身还会增加和变化。[2]令状的这种复杂程度使得外行人根本无从对其进行把握。

而且，正如我们前面已经指出的那样，英国法在相当长的时间内程序法和实体法互相纠缠在一起、权利和救济纠缠在一起。这一状况也增加了诉讼制度的复杂程度。实际上，正如有的学者指出的那样，英国的程序法实际上表现出来的状况，一定会使所有自由的观察者都感到它的许多方面是奇异的。当时英国的法院组织纵横交错，它们的管辖权有时重叠，有时又彼此区别，其复杂程度，只有内行才能把握。每个法院都有自己一套特殊的程序规则，实际上，在特定的法院提起案件的每种诉讼形式都有特别的规则，这些规则常常具有技术方面的特殊性，不过这种技术方面的特殊性在很久之前就已经失去了全部意义。[3]虽然令状制度在历史中有过一些变化和改革，但在布莱克斯通的时代，仍然有 70 个~80 个不同的"诉讼形式"（forms

---

〔1〕 参见 [德] K. 茨威格特、H. 克茨：《比较法总论》，潘汉典等译，潘汉典校订，贵州人民出版社 1992 年版，第 338~348 页。

〔2〕 参见 [美] 格伦顿、戈登、奥萨魁：《比较法律传统》，米健、贺卫方、高鸿钧译，中国政法大学出版社 1993 年版，第 96~97 页。

〔3〕 参见 [德] K. 茨威格特、H. 克茨：《比较法总论》，潘汉典等译，潘汉典校订，贵州人民出版社 1992 年版，第 359 页。

of action），在提起诉讼时原告必须宣布他的请求基于哪个诉讼形式。他的选择是至关重要的，因为这种选择最终决定着将来能够根据哪些先例判决案件，也决定着如何传唤被告，以及如何提出证据和如何执行判决等一系列相关程序。[1]

我们在前面提到过，《释义》第 3 卷从表面来看经常被人们以为是讨论实体法的内容，但实际上却是讨论诉讼程序方面的内容。我们可以看到，这些诉讼的程序和规则不仅数目繁多、复杂特殊，而且基本上无章可循，其中并无内在的合理性可言。因此，布莱克斯通在《释义》中只好采取了分类、列举和描述的方式，而根本无法采取某种演绎推理的方式。他自己也承认这种安排根本无所谓方法可言。不过，他依然寻找理由试图为自己辩护："任何科学都不可避免地要使用概念或术语，要想熟悉和理解这些概念就必须依靠经常的使用。科学中的分类越多，那么就需要运用越多的概念来说明这些分类的不同性质以及准确说明这些概念试图表达的思想……因此，我们在阐述诉讼程序时的这种混乱主要是由于英国法的精致，在我们的法律制度中，一种救济方式就针对一种不法行为的情形，而不同的不法行为不会采用同一种诉讼程序，而对这些诉讼程序的阐述当然就只能分别进行具体说明。这种复杂的程序的好处是，每个人都知道法院如何采取怎样的措施才能让自己满意，同时，当向法院提起诉讼的时候，能否获得救济就用不着看法官的心情而定，因为这已经是由程序明确规定了的。"[2]

---

〔1〕　参见［德］K. 茨威格特、H. 克茨：《比较法总论》，潘汉典等译，潘汉典校订，贵州人民出版社 1992 年版，第 361 页。

〔2〕　*Comm.*，Vol. 3，p. 266.

我们不能认为布莱克斯通的辩护仅仅是为了给自己著作逻辑上的杂乱寻找开脱的理由。实际上，由于受孟德斯鸠著作的影响，这种强调在个人保护问题上司法程序的重要性的观念在布莱克斯通时代的思想家那里乃是一种普遍观念。孟德斯鸠说："君主政体的法律不能像专制政体的法律那样简单。……在君主国里，司法工作不仅判决有关生命和财产的事，而且也判决有关荣誉的事，所以需要极其严谨地查讯。当法官的责任越大，当裁判所涉及的利益越重要的时候，他便要更加细心。因此，我们看到这些国家，法律上的规条、限制和引申极多，产生了浩繁的特殊案例，俨然自成一套推理的艺术；但我们不应当感到奇怪。……有一种特权对社会，尤其是对这个特权的授予者来说，是最无所损的，那就是可以任意选择一个法院进行诉讼的特权。但这里也有新的困难；就是应该在哪一个法院进行诉讼成为问题的时候所发生的困难。……在专制国家，人民所处的情况则是迥然不同的……专制主义自身就具备了一切……因此，在专制国家里是完全没有发生纠纷和诉讼的机会的。而且一部分原因是因为那里的诉讼人受到极粗鲁的对待。同时，诉讼人不公道的要求，因为没有繁复的法律可作掩盖、缓冲或保护，所以很快就被人看出来。"[1]我们可以看到，布莱克斯通在前面所持的理由基本上与孟德斯鸠的思想相一致。而实际上，在 17 世纪的英国，"正当程序"的观念就已经开始流行了。[2]

我们可以看到，布莱克斯通为英国法中繁复的诉讼程序寻

---

[1] 参见［法］孟德斯鸠：《论法的精神》（上册），张雁深译，商务印书馆1987 年版，第 72~75 页。

[2] 参见［英］M. J. C. 维尔：《宪政与分权》，苏力译，生活·读书·新知三联书店 1997 年版，第 82~83 页。

求合理性的辩护理由一方面表明了他自己关于正当程序问题的价值立场，另一方面也主要是试图证明，只要这些复杂的令状和诉讼程序本身发挥着重要的作用，那么其在内容和形式上的复杂和无序便是有道理的。但我们需要注意的是，布莱克斯通这种关于英国法诉讼程序在意义层面的辩护理由只能说明布莱克斯通著作中有关内容结构杂乱的原因和合理性，而并不能够证明这些英国法关于诉讼程序的内容可以被整合到一个逻辑一致的演绎推理体系之中。事实上，这乃是两个层面上的问题。

因此，无论是对于封建保有制度，还是对于诉讼制度，布莱克斯通所采取的结构分类和内容描述的方式，以及他为这种现存和历史的制度寻求合理性的理由，恰恰从另一个侧面证明了，根本不可能将这些根源于英国法历史实践的具体制度纳入到一个演绎推理的逻辑体系之中。即便他试图在对历史的回溯中寻求某种历史的合理性甚或必然性，这种事后归纳的历史的逻辑也并不意味着某种逻辑的历史，更不意味着英格兰的历史制度是先有逻辑和观念，而后再在此基础上推演形成了历史和实践。归根结底，布莱克斯通试图达到的科学体系和英国法的具体内容之间存在着深刻的内在矛盾。

实际上，布莱克斯通在《释义》的第 2 卷中也承认，他自己的方法论乃是一种不得已的妥协结果："事实上，从诺曼征服开始到现在，不动产法律原则发生了巨大变化；七个世纪以来关于每个具体问题都存在着无穷多的判例，并且还在继续增加，它们堆积如山，根本无章可循；议会颁布的众多的成文法令已经彻底改变或者只是在某些地方修订了普通法的规则；而这些情况则使得我们理性法律体系的有关部分学习起来显得有些混乱和复杂。我曾经费力地从这些内容中概括出一些一般原则，以便最大可能地使其中的制度及其理性显得简单而明显，同时也使我们的结构安排和叙述方法能够少些尴尬，但是我还是担心很难让我的读者们完全理解其中的内容，因为我依然不得不使用那些常人所难以理解的概念和术语。"[1]

从上面的内容中我们可以看出，布莱克斯通其实也意识到要将英国法内容特别是封建地产制度和诉讼制度整合成一个逻辑一致的理论体系面临着难以克服的困难，英国法的封建地产制度和诉讼程序是基于英国历史而形成的独特制度。不过，另一方面，他依然坚持认为普通法的制度里面蕴含了理性。而他为了证明其中的理性，不得不采取回顾历史进行描述的方式进行说明，这种立足于历史经验和特殊性的阐述方式意味着他不得不放弃建立某种逻辑一致的"全景式的法律地图"[2]的企图。同时，布莱克斯通这种试图将罗马法结构套用于英国法内容的努力，以及在逻辑主义和历史主义之间痛苦纠缠的方法论，使得他在英国法律史中处于一种特殊的位置。

三、布莱克斯通的理性概念：在柯克与边沁之间

从上面的讨论中我们可以发现，布莱克斯通思想的内在逻辑充满了矛盾，一方面认为自然法是宇宙中永恒的自然法则，具有普遍的效力，另一方面又强调国内法的效力；一方面追求演绎推理的逻辑体系，另一方面又不得不诉诸历史的具体描述。正是基于他思想的这种复杂性和矛盾性，学者们在将他归类的

---

〔1〕 *Comm.*, Vol. 2, pp. 382~383.

〔2〕 *Comm.*, Vol. 1, p. 35.

时候才并不总是能够达成一致。[1]

我们在前面说明了，布莱克斯通思想这种内在矛盾主要源于他试图将罗马法结构纳入英国法。他虽然最终并未达到将英国法内容整合成一个演绎推理体系的目的，但依然声称英国法的理性蕴含在历史当中。布莱克斯通的这种努力实际上意味着：一方面，布莱克斯通非常重视英国法中既存的制度和历史传统；另一方面，又试图论证英国法本身也是理性的，也同样可以像罗马法那样通过讲授的方式来学习——事实上，这一点本身就是布莱克斯通的动机和出发点。因此，在布莱克斯通那里，理性概念乃是一个核心问题。对这一问题的讨论，不仅有助于理解布莱克斯通自身思想的矛盾和复杂性，而且还有助于廓清布莱克斯通在法律思想史上的位置。

我们在前面讨论过，18世纪初期的英格兰存在两种法律文化和法律思维方式，一种是罗马法，另一种是普通法。罗马法的法律思维方式大致上是从某种一般原则出发，通过演绎推理的方式来解决具体案件并展现理性。这种思维模式早期体现在汇纂学派之中，后来又典型地体现在法典化的逻辑之中，也即试图将法律规则系统化为一个统一的整体——不只是确定具体类别案件的共同要素，而且还将这些规则综合为原则，又将原则本身综合为完整的制度，即法律的体系或法律大全。关于这

---

〔1〕 比如，高柳贤三认为，布莱克斯通的著作是"自然法的、历史主义的、系统性的"。参见〔日〕高柳贤三：《英美法源理论》，杨磊、黎晓译，林向荣校，西南政法学院法制史教研室、科研处编译室1983年版，第73~74页。比如，波斯纳则认为，布莱克斯通既可以被归为自然法学的派别，又可以被归为形式主义法学的派别。参见〔美〕理查德·A. 波斯纳：《法理学问题》，苏力译，中国政法大学出版社2002年版，第14页。

一点，我们在前面已经有过讨论。

另一方面，普通法法学家同样也推崇理性，认为普通法深深扎根于理性之上。不过，他们的理性观念与罗马法传统中的理性观念并不相同。当时普通法法律家们普遍接受的观念是柯克的观念。[1]

柯克在他的著作中写道："……理性是法律的生命，普通法不是别的，就是理性。应该把这种理性理解为通过漫长的研究、考察和经验而实现的一种在技艺上对理性的完善（an artificial perfection of reason），而并非每个人都具有的自然理性，因为没有人生来是有技艺的（nemo nascitur artifex）。这种法律理性是最高的法理性（summa ratio）。而且，即使散布在这么多头脑中的所有理性都结合在一人头脑中，他也仍然不能产生英国法这样的法律，因为它是经历了许多时代的兴替，为无数伟大的博学之士一再去芜取精，完善而成，并借助漫长的经验，这种法律才成长为这一领域中治理的完善状态。这正验证了一句古老的法则：没有人，出于他自己私人的理性，能够比法律更有智慧，因为法律是完善的理性。"[2]

关于这段被广为引用的论述，李猛在他的文章中将其阐发

---

〔1〕 事实上，普通法传统中的理性观念并不完全一致，只是到布莱克斯通时期为止，柯克的理性观念已经被普遍接受。比如，在柯克之前的福蒂斯丘就认为，并不仅仅只有一种普遍的自然法，实际上法律可以有几种不同的来源，如自然法、习惯法、成文法。因此，所谓普通法合乎自然法，这里的自然法并非指一种演绎或完整的体系，而是指一种固有的理性，它可以被人们的常识感知以及能够通过运用逻辑来验证。但他认为，发现法律理性依旧采取了一种亚里士多德的演绎推理方式。See Michael Lobban, "Blackstone and the Science of Law", *The Historical Journal*, 30, 2（1987），p. 314~315.

〔2〕 Sir Edward Coke, *Institutes of the Laws of England*, I, p. 97b, 转引自李猛：《除魔的世界与禁欲者的守护神：韦伯社会理论中的"英国法"问题》，载李猛编：《韦伯：法律与价值》，上海人民出版社 2001 年版，第 169~170 页。

为这样几点：首先，柯克眼中的普通法本身就等于理性。从这一思想出发，他认为，普通法的法律理性的特点就在于理性是内在于法律的，它与没有内在理性的立法理性构成了对立的两极，后者属于没有内在理性的意志过程，只与理性具有外在关系。其次，柯克笔下的普通法是完善的，法律是理性历久经年的产物，而不是立法者一时的恣意之举。再次，普通法的这种"完善理性"不是通过封闭的逻辑形式体系建立的，而是通过开放的法律技术完成的。最后，李猛总结道："普通法的这种'技艺理性'与自然法学说和实证主义倡导的'自然理性'相去甚远。"[1]

在笔者看来，李猛关于柯克乃至普通法理性的阐发非常准确。不过，他在将普通法理性与立法理性对比的过程中，其判断尚有商榷的余地，特别是他将普通法理性与自然法学说对立起来并不恰当。

事实上，柯克并不否认自然法，他甚至也和罗马法法律学家一样赞成自然法的普遍效力。柯克在关于"Calvin's Case"的法律报告中以概括的方式写道："1、依据自然法，臣民对主权者的忠诚与服从是正当的；2、自然法是英国法的一部分；3、这种自然法先于世界上任何审判所采用的法律或国内法；4、自然法是永恒的，不能被改变。"他接着用一些具体论述来支持这些命题："上帝在造人的时候，为了保全和指导人类而在人心中注入了自然法。它就是 *Lex aeterna*，即道德法，也称为自然法。这种法由上帝的手指写在人的心灵上，在摩西书写法律

---

〔1〕 李猛：《除魔的世界与禁欲者的守护神：韦伯社会理论中的"英国法"问题》，载李猛编：《韦伯：法律与价值》，上海人民出版社 2001 年版，第 170~174 页。

之前，上帝的子民长期以来由这种法管理着，摩西是世界上第一部法律的公布者和制定者。……亚里士多德在《伦理学》第5卷'自然的记录者'中指出，自然法对所有的人具有同样的效力（*jus naturale est*，*quod apud omnes hominess eandem habet potentiam*）。布拉克顿在第1卷第5节，福蒂斯丘在第8节、第12节、第13节和第16节，《博士与学者》的第2节和第4节皆同意这种观点。"[1]

我们可以发现，柯克的这段论述与我们在前面讨论过的布莱克斯通论述的自然法学说理论非常相似。

事实上，柯克这段关于自然法普遍效力的论述不仅在结论层面上，同时在论证过程层面，也都是可以为罗马法思维模式（而这其实属于李猛所谓的"立法理性"范畴）普遍接受的。我们可以引用一段罗马法经典文本查士丁尼的《法学阶梯》中开头的段落加以对照："法学是关于神和人的事物的知识；是关于正义和非正义的科学。……自然法是自然界教给一切动物的法律。因为这种法律不是人类所特有，而是一切动物都具有的，不问是天空、地上或海里的动物。由自然法产生了男与女的结合，我们把它叫作婚姻；从而有了子女的繁殖及其教养。的确，我们看到，除人而外，其他一切动物都被视为同样知道这种法则。"[2]

由此我们可以看到，以柯克为代表的普通法理性概念并不在一般层面上与自然法学说形成根本对立，有的学者甚至指出

---

[1] 转引自［美］爱德华·S. 考文：《美国宪法的"高级法"背景》，强世功译，读书·生活·新知三联书店1996年版，第44页。

[2] 参见［罗马］查士丁尼：《法学总论——法学阶梯》，张企泰译，商务印书馆1989年版，第5~6页。

柯克也可以算作自然法法学家。[1]当然，如果我们仔细分析，李猛之所以作出这样的论断，可能的原因在于他认为自然法属于立法理性，[2]于是，在着重阐明普通法理性特征并与立法理性进行区别的时候，便连带地将它与处于立法理性阵营中的自然法截然对立起来了。

　　实际上，自然法学说包含了不同的思想流派和思想倾向，普通法思维模式并不完全排斥所有的自然法学说，更非完全与自然法对立起来。事实上，柯克对自然法的论证思路就与托马斯·阿奎那的自然法学说几乎一致，而柯克也提到了亚里士多德的表述"自然法对所有的人具有同样的效力"——而我们知道，阿奎那的自然法学说是直接追随亚里士多德的。[3]而以斯多葛学派为根源的自然法学说和17世纪以来的受笛卡儿影响的唯理主义自然法学说与李猛文章中的"立法理性"可能会有更

---

　　〔1〕　参见［美］理查德·A.波斯纳：《法理学问题》，苏力译，中国政法大学出版社2002年版，第32页。

　　〔2〕　在李猛文章的一个注释中，他认为自然法和实定法都属于立法理性。参见李猛：《除魔的世界与禁欲者的守护神：韦伯社会理论中的"英国法"问题》，载李猛编：《韦伯：法律与价值》，上海人民出版社2001年版，第170~174页。

　　〔3〕　关于柯克的自然法论述与亚里士多德-阿奎那的自然法学说的这种相似性，可以参见叶士朋对这种自然法学说内在理路的概括："这种自然法承认无论在物质世界还是人类世界，都存在着一种自然秩序，这种秩序已由古典学者确证，并由基督教对智慧的、善意的、作为世界的创造者和主宰的上帝的信仰所证实。……世界充满着秩序，而所有存在物或所有物种的运动均受一种宇宙规律的辖制。这对人类来说同样如此。人类同样具有某种本性，或者说，人是以某种方式纳入宇宙秩序和宇宙归宿之中的。自然法的思想观念便恰恰由此产生。由于人纳入自然秩序并非出于强制（通过本能的作用），而是自由的，通过研究人类的目标及其对上帝创世计划的贡献，有必要制定用以指导人类实践的规则，以便使人类活动同上帝对社会生活和人类在所有创生物整体中的地位的安排相符。这些规则，有些是在《圣经》中订明的，而《圣经》中未明确的，便构成自然法。"参见［葡］叶士朋：《欧洲法学史导论》，吕平义、苏健译，中国政法大学出版社1998年版，第148~149页。

大的关联。[1]

因此，以柯克为代表的普通法理性（或者普通法思维模式）区别于罗马法思维模式的重点并不在于是否承认自然法的一般效力。关键在于：柯克论述的自然法或理性与历史和传统之间的紧密联系。柯克认为，法律的理性建立于长久以来的习惯和人们的意识之上。[2]换言之，在柯克那里，自然法或理性是与历史和传统伴生的，甚至是同一个事物的两个方面。而在罗马法那里，自然法或理性则基本上与具体的历史经验没有关系。在笔者看来，这一点是理解这两种思维模式区别的关键所在。

之所以说这一点是两种思维模式区别的关键所在，还在于从这一点出发可以顺理成章地派生出普通法理性的其他重要特征：正因为普通法是理性历久经年的产物，加入了无数人的智慧，而非立法者一时的恣意之举，所以才是完善的理性。正因为普通法的完美理性存在于古老的历史和实践之中而非不证自明或是以明确的文本方式表现出来，所以才令人难以把握，从而从逻辑上才需要人们去"发现"它。于是，只有受过专门训练掌握技艺理性的法律家才能够把握它，从而通过司法的方式来彰显理性才变得重要。于是，普通法的古老性和由此产生的普通个人无法直接发现法律理性的事实就成了证明普通法正当

---

〔1〕 ［葡］叶士朋：《欧洲法学史导论》，吕平义、苏健译，中国政法大学出版社1998年版，第151页以下。关于笛卡儿的唯理主义以及其对法律理论的影响，还可以参见 ［英］弗里德利希·冯·哈耶克：《法律、立法与自由》（第1卷），邓正来、张守东、李静冰译，中国大百科全书出版社2000年版，第一章。

〔2〕 See Gerald J. Postema, *Bentham and the Common Law Tradition*, Oxford: Clarendon Press, 1986, pp. 4~6. 波斯特马认为，普通法有两个基础：其一是历史，其二是理性。在笔者看来，毋宁说，是历史与理性的互相交织构成了普通法的基础。

性的核心观念。[1]

就这种普通法理性如何在法律实践中具体操作的层面而言，波斯特马（Postema）在他的著作中认为，柯克的理性概念可以被称为一种"特殊主义"（particularist）的概念，它的基础就是常人的"自然理性"与普通法法律家的"技艺理性"之间的区分。根据这种概念，法律理性完全是具体而特殊的，必须针对不同案件的具体情形作出不同的判断。因此，这种理性概念是建立在具体个案而非规则或原则之上，而能够保证这种法律理性在历史中前后一致的并非外在的理性标准或原则，而是一种内在的一致性和完整性，以及无数个案汇集起来的整体。柯克说："我们的案卷是法为何物的最好的证据；权威和强有力的论据载于法律之中。"[2]而在具体的法律推理中，则采取了一种类比的方式（即比较案件之间的相同点和不同点），而非演绎推理或是归纳推理的方式。[3]

正因为这种"特殊主义"的"技艺理性"并不依靠某种一般的系统化原则和知识作为指导，而只能通过长期沉浸在一个

---

　　[1]　李猛在他的文章中指出："从历史的角度看，在柯克大力倡导普通法理性的时代，'理性'的这一用法具有非常具体的政治内涵，是当时政治—法律—宗教纷争的一个焦点。"不过，在笔者看来，这一观点多少有些意识形态化了，因为在柯克那里，这种理性概念乃是他一贯坚持的观点，而并不主要是一种与王权斗争的权宜性工具。在我们熟知的那段与詹姆斯一世的对话中，柯克坚持的技艺理性与自然理性的区别这点理由实际上也可以从他对于英国古老法律的观念中推演出来。参见李猛：《除魔的世界与禁欲者的守护神：韦伯社会理论中的"英国法"问题》，载李猛编：《韦伯：法律与价值》，上海人民出版社 2001 年版，第 166 页。

　　[2]　转引自 [德] H. 科殷：《法哲学》，林荣远译，华夏出版社 2003 年版，第 205 页。

　　[3]　See Gerald J. Postema, *Bentham and the Common Law Tradition*, Oxford：Clarendon Press, 1986, pp. 32~33.

个具体判例中的方式得到掌握，所以我们前面提到的律师会馆的法律教育模式才具有了存在和延续的内在理由，同时也才能够在相当长的一段时间里抵御一种系统化法律科学的影响。而这正是布莱克斯通之前普通法传统的一般情形。

我们在前面讨论过，布莱克斯通并不满意律师会馆这种教育模式，他批评这种学徒式的制度使得律师们仅仅知道具体的法律实务，而从不顾及这些实践背后的原则。这不仅使他们无法理解这些法律的基础，而且使他们难以应对任何常规案件之外的例外情形。因此，他试图通过自己的努力来将法律整合成一个能够由一般原则推导出来的演绎推理体系，并且展示一幅关于英国法的"全景式地图"。他声称："如果法律学生们不学习这种具体法律实践背后的一般原则，那么只要遇到稍微不同于先例的情形，就可能使他们困惑和出错。"[1]

我们在前面也讨论了，布莱克斯通成功地构建了一个类似于查士丁尼的《法学阶梯》的优美结构，但是在将英国法内容整合到这个罗马法结构中时遇到了很大麻烦：一方面，他选择作为演绎推理一般原则的自然法与他尊重国内法的态度之间产生了矛盾；另一方面，他难以将英国法中封建地产制度和诉讼制度的历史特殊性与一般的逻辑原则协调起来。这两点矛盾使得他难以实现将英国法内容整合成一个完善演绎推理逻辑体系的愿望。

不过，布莱克斯通这种整体上演绎推理体系的落空并不意味着他在具体法律问题中未曾概括出一般原则。我们在前面讨论过，即便是在英国法最为特殊的封建地产制度和诉讼制度方

---

〔1〕 *Comm.*, Vol. 1, p. 32.

面，布莱克斯通也试图通过回顾历史以及描述、分类的方式来发现蕴藏于其中的理性。在这里，他并不将法律视为一种逻辑一致并且自洽的科学体系，而是通过历史的描述和具体分类来归纳出其中原则的合理性。他在分析的过程中着眼于历史的实际情况，并且运用历史的概念来解释英国的封建保有制度。

因此，我们可以看到，就整合成一个完整的演绎推理体系的标准而言，布莱克斯通可以说是失败了，但倘若从为具体的法律内容寻找一般原则从而有助于学生学习的角度而言，他又可以说是成功了。这里的关键区别就在于对布莱克斯通归纳出的一般原则性质的具体判断。在某种意义上，我们可以说布莱克斯通的思想中其实包含了两种一般原则，一种是他试图作为整个演绎推理体系出发点的自然法基本原则，另一种则是从英国法具体法律中发现的所谓普遍"理性"和一般原则。当然，这种划分仅仅是基于分析的需要。实际上，在布莱克斯通那里，它们又有着某种彼此呼应和融合的关系。布莱克斯通发现由第一种基本原则中无法完全推演出第二种基本原则，于是他转而从具体的历史和经验中归纳出了第二种基本原则并试图以此来印证第一种基本原则。归根结底，布莱克斯通的自然法原则并非判断实在法是否合理的某种"高级法"，而依然是通过具体法律制度才能够得以闪现的理性光芒。

由此，我们可以将布莱克斯通的理性概念与柯克进行一下比较。首先，在柯克的理论当中，并非不承认自然法的普遍效力，但他并不将此（也并不试图将此）作为整个体系演绎推理的一般原则。在柯克那里，自然法是隐藏在古老历史当中需要拥有技艺理性的法学家去发现的对象，是"隐忍不动"的。而在布莱克斯通这里，自然法基本原则是他试图构建体系的出发点，同时他也从具体法律制度中抽象出了自然法的一般原则和普遍"理性"并试图以此来印证自然法基本原则。虽然他最终未能将其贯彻始终，但仍然使著作留下了相当浓厚的自然法色彩。其次，在柯克那里，理性概念乃是某种"特殊主义"的，发现理性的基础是个案而非原则，而布莱克斯通则从这些具体的法律制度中抽象出了一般原则和普遍"理性"。

不过，布莱克斯通和柯克的这些分歧并不意味着这两种"理性"概念是不相容的，更不意味着二者存在根本对立。首先，最重要的是，布莱克斯通同样认为理性蕴藏于古老的历史和传统之中，我们在前面提到，布莱克斯通认为，法律并非是被演绎的，归根结底乃是被规定了的——当然这是由悠久的传统和时间所规定了的。布莱克斯通一再告诉人们古老的法律规则的结构非常精妙："这些规则紧密地联系、交织在一起，它们互相支持、互相说明、互相证明。"[1]他甚至认为："国内法是某种永恒的、一致的、普遍的东西。"[2]正是因为布莱克斯通坚持理性与历史之间的这种伴生关系，才使得布莱克斯通的理性概念被归入了普通法传统的思维模式。[3]其次，布莱克斯通抽象出的一般原则并非是先验的，或是反历史主义的，而是从具体的法律制度（包括芜杂散乱的判例中）归纳和概括出来的，

---

〔1〕 *Comm.*, Vol. 2, p. 129.

〔2〕 *Comm.*, Vol. 1, p. 44.

〔3〕 在对法律中一般原则的意义方面，曼斯菲尔德爵士也坚持与布莱克斯通相似的观点。因此，波斯特马将以他们为代表的理性概念与柯克的理性概念相区别，并作为普通法传统中的两种"理性概念"。See Gerald J. Postema, *Bentham and the Common Law Tradition*, Oxford: Clarendon Press, 1986, pp. 30~38.

正因为这样，从本质上而言，他与柯克的理性概念本身是相容的，因为他们面对和处理的材料是共同的，区别仅仅在于用一个一种坚持特殊主义的方式来对待判例，而另一个则试图从中抽象出一般原则。更进一步，从理论上说，这有助于形成一种更为一般的普通法法律推理理论：从具体的案例中归纳出一般的规则和原则，由此可以为那些无法类比的疑难案件提供参考，而正因为这个一般原则是历史的经验的，而非先验的超越的，所以会随着具体案例和具体情形以及无数人的参与而发生变化，从而保持某种开放的体系。由此，李猛所谓的"通过特殊化建构普遍主义的方式，或者更准确地说，通过吸纳特殊性并将之作为迈向普遍主义的动力"才可以最终实现。[1]

于是，我们看到，布莱克斯通在对此前普通法法律教育模式不满的驱使下，在将普通法和罗马法思维模式艰难整合的过程中，最终通过自己的努力发展、完善以及维护了此前以柯克为代表的普通法传统。而正是这种对普通法的保守态度引起了边沁的强烈不满。

尽管边沁对法律、经济学以及哲学都做出了重要贡献，但他还是不认为自己是一个理论或学术思想家，而认为自己是一个立法改革者。他从功利原理演绎出他有关立法改革的理念和建议，他甚至不满足于想出一些政策改革的出色思想；他充满激情地渴望看到自己的思想转换成英国的（墨西哥的、俄国的

---

〔1〕 参见李猛：《除魔的世界与禁欲者的守护神：韦伯社会理论中的"英国法"问题》，载李猛编：《韦伯：法律与价值》，上海人民出版社2001年版，第178页。

以及其他每个地方的）公共政策。[1]因此，有的学者认为，边沁是一个"有着主人倾向的人"（a man with a master mind）。[2]实际上，边沁的确也想在人类社会推行他的伟大梦想：建立一种完善、全面的法律体系，一种"万全法"。用哈特的说法，就是将洞幽入微的青蝇之眼与总揽全局的苍鹰之眼结合起来，力图让普遍、完善的法律之眼洞察社会生活的每个角落。[3]而边沁发现横亘在他面前的最大障碍就是古老的普通法传统。[4]

边沁之所以选择布莱克斯通而非柯克进行猛烈攻击，其原因并不在于他认为布莱克斯通更能代表普通法传统，或者是不熟悉柯克（因为边沁曾经在林肯律师会馆研习过并且获得律师资格，所以不可能不熟悉柯克），而在于他认为布莱克斯通的著作在相当程度上实现了对普通法进行"改良"的目的，从而成了实现全面完善"终极法律体系"[5]这一"革命"性目标的主

---

〔1〕 参见［美］理查德·A. 波斯纳：《正义/司法的经济学》，苏力译，中国政法大学出版社 2002 年版，第 32~35 页。

〔2〕 See Rupert Cross, "Blackstone v. Bentham", *The Law Quarterly Review*, 92, (1976), p. 516.

〔3〕 转引自李猛：《除魔的世界与禁欲者的守护神：韦伯社会理论中的"英国法"问题》，载李猛编：《韦伯：法律与价值》，上海人民出版社 2001 年版，第 164 页。

〔4〕 波斯纳认为："边沁看到有三样东西阻碍了迅速采纳他的改革方案：(1) 普通法体制的法律产生方式（中译本原文在这里译为普通法体制的法律制定，似乎有些问题），以及在这一体制中有既得利益的律师和法官；(2) 根源于语言不清的智识混乱；以及 (3) 英国精致平衡的、不完美的代议政府体制。"在笔者看来，在这三样东西中，第一个方面当然是最为根本的。因为从逻辑上说，倘若不对主宰英国社会的普通法进行彻底改变，一切的立法都将失去了需要的根据。参见［美］理查德·A. 波斯纳：《正义/司法的经济学》，苏力译，中国政法大学出版社 2002 年版，第 35 页。

〔5〕 参见［英］边沁：《道德与立法原理导论》，时殷弘译，商务印书馆 2000 年版，第 53 页。

要障碍。[1]布莱克斯通不仅维护了普通法传统，而且对以制定法来实行全面改革表达了强烈怀疑，甚至还抨击了法典化的原则。[2]波斯纳认为："边沁对布莱克斯通的抨击典型地展示了人们熟悉的、现代意义的激进主义对改良主义或'自由主义'解决社会问题之进路的敌视。"[3]

边沁认为布莱克斯通《释义》最严重的缺点是"反对改革"，或者更确切地说，"充满全书的带普遍性的不准确和紊乱"。[4]在这里，我们可以着重讨论这样几点：

首先，普通法的封闭性和不可知性。边沁批评布莱克斯通

---

[1] 事实上，边沁并不掩饰自己何以选择布莱克斯通作为抨击对象。他说："如果我想到有任何著作家（尤其是声名显赫的著作家）竟然发誓要竭尽一切可能，成为这种努力的死敌。那么我们又将怎样说他呢？我们会说，这种改革的利益以及通过改革而取得的人类的福利，和摧毁他的著作是不可分割的：要摧毁他的大部分著作，至少要摧毁它们所受的重视和影响，不管这些著作可能以什么名义获得这些重视与影响。我的不幸（不仅是我的不幸）是我看到，或者以为曾经看到，有名的《释义》一书的作者，就是这样一个敌人。周围作者的著作，流传之广是无与伦比的。他比历来有关这一问题的任何其他作者所受到的重视和赞美都多，因之也就发生了同样大的影响。"参见［英］边沁：《政府片论》，沈叔平等译，商务印书馆1995年版，第93页。

[2] 布莱克斯通这样说："当法律由公民大会制定时，即使是由代议制的会议制定，这项工作也太沉重了，乃至不可能重新开始立法工作，不可能从五百多位议员的不一致意见中抽象出一个新的体系。一个独立无二的立法者和一个努力向上的主权者，一位梭伦或来库古（Lycurgus），一位查士丁尼君主或一位弗里德利希大帝，也许在任何时候都可以制定出一部简明、并且也许是统一的法典，而自以为是的臣民质疑该计划是否明智或是否有用，他们就会大祸临头。但是有哪位知道重塑我们任何制定法分支（尽管只与道路或教区和解有关）之艰难的人，会认为真的可以改变普通法的任何基本点以及它所有的包袱和后果，可以设立另一规则而取而代之？"See *Comm.*, Vol. 3, p. 267.

[3] 参见［美］理查德·A. 波斯纳：《正义/司法的经济学》，苏力译，中国政法大学出版社2002年版，第38页。

[4] 参见［英］边沁：《道德与立法原理导论》，时殷弘译，商务印书馆2000年版，第93页。

把法律当成一个城堡，并反对任何从根本上修正的意见。他说：
"由于法学家的偏执和故弄玄虚，大部分的法律被难以辨认的字
体和外国语言封锁起来。案卷——布莱克斯通所谓的'裁决的
最可靠的史料'——中的语言，一千多人中最多只有一个人自
以为能看得懂。"〔1〕边沁因此给普通法贴上了"狗法"（dog law）
的标记。边沁说，由于狗不能理解我们的话语，当它们待在不
该待的地方时，我们通常会猛击它们以便教它们待在其他地方。
然而，因为人类可以理解我们的言语和希望，我们应该用清晰
的英语告诉他们不待在何处，并且只有在不服从我们的命令时
才能击打他们。但是，由于普通法的不可知性，英国人惯常像
狗一样被对待。也就是说，关于什么是合法的和不合法的，他
们没有得到任何清楚的指令，而在他们行动之后，普通法的法
官们却不断地"判决"他们违反了法律。于是，边沁提出结论，
他们像狗一样，只是在已经坐在椅子上后，才知道他们不该坐
在上面。〔2〕

其次，边沁认为，不成文的制度由于没有任何东西可以作
为确定的象征以证实其权威，所以不论怎样根深蒂固，其有效
性都会受到无情的挑战。他说："这是一切不成文法本质中所具
有的一个严重弱点。"〔3〕

最后，边沁认为在普通法的诉讼制度和法律推理中，"法律

---

〔1〕 参见［英］边沁：《道德与立法原理导论》，时殷弘译，商务印书馆 2000
年版，第 110~111 页。

〔2〕 参见［美］卡尔文·伍达德、张志铭：《威廉·布莱克斯通与英美法理
学》，载《南京大学法学评论》1996 年第 2 期。

〔3〕 参见［英］边沁：《道德与立法原理导论》，时殷弘译，商务印书馆 2000
年版，第 102 页。

中仍然存在着随意假定、同义反复、搬弄术语、转弯抹角、前后不一、自相矛盾等问题。而其中毒害最大的就是随意假定，不论用到什么文件上，都会使其失去理性。其结果是，法律（尤其是程序法）仍然很需要能被一般人所理解"。[1]

上面第一点和第二点大致可以被视为边沁对普通法实体内容和整个体系方面的批评，第三点可以视为对具体诉讼程序和法律推理方面的批评。事实上，边沁对布莱克斯通的批评遍及许多领域，我们在这里只是基于讨论和分析的需要，仅仅列出了这几个关涉宏观和基本倾向的方面。

我们看到，在边沁的理论中，理性同样也处于一个核心的位置。上面边沁使用的"失去理性"这一用语表明，他事实上是将理性作为对法律制度进行价值评价的标准。另一方面，边沁声称他试图构建的整个功利原理体系也是以理性为基础的。[2]当然，实际上，边沁的理性概念与布莱克斯通、柯克甚至罗马法传统中的理性概念并不相同。

因此，我们也有必要将布莱克斯通的理性概念与边沁的理性概念作一个简单的比较，这种比较将有助于进一步廓清布莱克斯通的思想。

第一，在布莱克斯通那里，与普通法伴随的理性是蕴含于古老历史中的自然法观念，而边沁则既反对自然法，也反对历

---

[1] 参见［英］边沁：《道德与立法原理导论》，时殷弘译，商务印书馆2000年版，第111页。

[2] 边沁在《道德与立法原理导论》这部作为他理论基础的著作中的第一章的第一段写道："自然把人类置于两位主公——快乐和痛苦——的主宰之下。……功利原理承认这一被支配地位，把它当作旨在依靠理性和法律之手建造福乐大厦的制度的基础。"参见［英］边沁：《道德与立法原理导论》，时殷弘译，商务印书馆2000年版，第57页。

史。边沁法律理论中的理性是一种有理智的人能够理解和接受的判断是非的标准。[1]

第二，布莱克斯通认为，法律理性并非是被演绎的，归根结底是被悠久的传统和时间所规定了的。因此，古老的习惯和法律才是最好的法律。而边沁则认为最完善的法律是由功利原理演绎形成的一个法律体系，其表现形式就是由立法者颁布的法典。

第三，布莱克斯通认为，单个人发现理性的能力以及推理能力是有限的，而边沁则看不到推理能力（特别是他自己的）在决定任何全新政策问题上，在没有权威、共识或先例的帮助时的令人担忧之处。[2]边沁对理性的能力非常信任。

第四，布莱克斯通理性概念中的一般规则和原则是从具体的案件中归纳出来的，而边沁的一般原则则是由最高的原则层层演绎而得出的。可以说，一个是基于经验的，而另一个是基于逻辑的。

第五，就法律的运作层面而言，普通法的"完善理性"不是通过封闭的逻辑形式体系建立的，而是通过开放的法律技术完成的。而边沁则希望建立一套完美无缺的法律制度，从这一普识性的制度出发规定每个社会成员行事的规则和拥有的权利，

---

〔1〕 哈特在他为《道德与立法原理导论》所撰写的导言中认为，这一点对边沁的全部论证极为重要："那就是它们在被如此使用时提出了一个依照理性可以解决的问题，因为只有在这样的情况下才援引一个外在标准，有理智的人会接受这个标准来确定是对是错 。……边沁提出了一些考虑，其用意在于显示得到恰当理解的功利原理是有理智的人会接受、或者的确能够接受的判断是非的唯一外在标准。"参见［英］边沁：《道德与立法原理导论》，时殷弘译，商务印书馆2000年版，导言第14~15页。

〔2〕 参见［美］理查德·A. 波斯纳：《正义/司法的经济学》，苏力译，中国政法大学出版社2002年版，第45页。

同时以此为根据判决具体的案件。

至此，我们对布莱克斯通的理性概念与柯克、边沁进行了一番简单的比较。无疑，一切的比较都可能由于预先设定的比较主题和比较方式而带有某种"前见"。在这里笔者并非是试图对他们各自的思想进行价值上的评判，而只是试图通过比较更好地展现布莱克斯通思想的内在逻辑和特点。事实上，对这几位影响深远的英国法律学家做更为详细和全面的比较，远非本书的篇幅所能胜任。

第五章
结语：普通法的科学化是否可能？

在前面几章，我们围绕布莱克斯通试图对英格兰法内容体系化这一中心问题进行讨论。通过讨论我们知道，布莱克斯通的问题意识直接来源于他对当时英格兰法律教育，特别是律师会馆法律教育的不满，因此他试图通过在牛津大学中开设英国法讲座的方式来改变这种状况。布莱克斯通的讲座和著作之所以能够出名，其中一个重要原因就在于他成功地做了许多人认为根本无法做到的事情。也就是说，长期以来普通法一直存在于四大律师会馆当中，并且是作为某种"手艺"来进行研习的。而布莱克斯通则在大学中对它进行讲授，并且给庞大而杂乱的普通法以一种清晰连贯的形式，使其呈现出一种"全景式的地图"，从而使他的年轻的外行听众能够理解和把握。他甚至试图将英国法内容整合成一个逻辑一致的演绎推理体系和科学体系。无疑，他面临着巨大的困难，但律师会馆中的"技艺"在知识论上的特点与当时英国法的发展状况又使他获得了一种克服困难的逻辑和历史可能。

布莱克斯通最终选择了将罗马法结构与英国法内容进行整合的方式来实现体系化。我们可以看到，布莱克斯通并非英国法律史中第一次进行这种尝试的法律家，但却是最为成功的一位。在结构上他通过参照、借鉴查士丁尼《法学阶梯》和黑尔的著作以及其他法律学家的经验教训，最终构建了一个优美而对称的体系。而在整合英国法的内容方面他却遇到了很大麻烦，无论是自然法与法律实证主义之间的紧张，还是历史与逻辑之间的矛盾，事实上都根源于罗马法思维方式与英国法思维方式之间的根本差异。布莱克斯通最终没有实现逻辑一致的演绎推理体系的构想，但却形成了一种不同于柯克的理性概念，即将一般原则引入了法律推理。这种理性概念并非与柯克的理性概念互不相容。事实上，通过这两种理性概念的融合，理论上使得普通法传统的思维模式更趋于完善，并为形成一门普通法法律科学提供了某种理论上的可能。而正是基于布莱克斯通对普通法传统的这种发展和维护，边沁对他进行了猛烈的攻击。

布莱克斯通这种体系化的努力及其结果在法律史上具有重要意义，他的努力最终证明了：一方面，不可能将普通法彻底整合成某种一劳永逸的演绎推理系统；另一方面，在不根本改变普通法基本框架内容的前提下，从具体的制度中归纳出某种系统性的一般原则又同时是可能的。于是，在布莱克斯通之后，这种试图将全部英国法整合成一个系统的"全景式图画"的努力停止了，法律学家们选择了新的努力方向：一方面，那些坚持普通法传统思维模式的法律学家们开始像布莱克斯通那样在各个具体法律部门著书立说，并试图归纳出其中的一般原则，于是出现了一批优秀的教科书和专门著作。其中最为重要的著作有巴林顿（Daines Barrington）撰写的 *Observations on the more ancient Statutes*（1766 年），伊登（William Eden）的 *Principles of*

Penal Law（1771 年），费恩（Charles Fearne）的 *Contingent Remainders*（1772 年），琼斯（Sir William Jones）的 *Bailments*（1781 年），以及 18 世纪 80 年代—18 世纪 90 年代出现的在对曼斯菲尔德勋爵杰出贡献总结的基础上撰写的一系列商法教科书。[1]另一方面，那些推崇演绎推理思维方式的法律学家则放弃了"改良"既有普通法的企图，转而追随边沁走上了推动立法和法典化的道路。虽然在这些法律学家的呼吁和推动下，英格兰法律制度后来进行了一些改革，并在个别的领域制定了一些成文法律，但从那时起直到现在，在英国的主要法律领域，仍然没有进行全面的法典编纂。[2]因此，我们可以说布莱克斯通是真正"结束了一个旧时代，并开启了一个新时代"。

　　布莱克斯通的努力还具有重要的法律哲学意蕴，他提示我们思考这样一个问题，即普通法，甚至更为一般的法学，能否成为一门科学？如果能，又在什么意义上构成一门科学？[3]因为实际上，上面我们提到的无论是普通法传统中的法律学家，还是罗

---

　　[1]　See J. H. Baker, *An Introduction to English Legal History*, Fourth edition, Butterworths, 2002, p.191.

　　[2]　参见［德］K.茨威格特、H.克茨：《比较法总论》，潘汉典等译，潘汉典校订，贵州人民出版社 1992 年版，第 358~362 页。

　　[3]　实际上，这个问题源远流长。诺伊曼教授指出，法学是否以及在何种意义上是一种科学，早在 16 世纪就为哲学家们和法学家们考究过。参见［德］乌尔弗里德·诺伊曼：《法学的科学理论》，载［德］阿图尔·考夫曼、温弗里德·哈斯默尔主编：《当代法哲学和法律理论导论》，郑永流译，法律出版社 2002 年版，第 447 页。另外，中文作者关于该问题的有关著述，参见贺卫方：《法律学是一门科学吗？》，载贺卫方：《法边馀墨》，法律出版社 1998 年版，第 24~26 页；郑戈：《法学是一门社会科学吗？——试论"法律科学"的属性及其研究方法》，载《北大法律评论》1998 年第 1 期；刘星：《法律科学？——一个内部立场的疑问和重述》，载中国私法网：http://www.privatelaw.com.cn/Web_ P/N_ Show/？PID=1996，最后访问时间：2024 年 5 月 20 日。

马法传统中的法律学家，无论是自然法论者，还是信奉边沁思想的法律学家，他们大都声称自己的理论是"科学"的。某种意义上，科学乃是不同传统和流派的法律学家所共同接受的一种意识形态。

布莱克斯通的努力表明，试图将普通法整合成一个完整的逻辑一致的演绎推理体系，甚至将普通法形成一门科学面临着如下的困难：即普通法是一种根植于历史实践的法律制度，它无法完全从一般的原则（无论是自然法的基本原则还是其他的原则）出发运用演绎推理的方式推导出来。

此后，奥斯丁意识到了这一困境，因此他在语言上对法律的含义进行限定，并且剔除了置于其上的自然法基本原则。在他看来，只有在法学中清除具有误导作用的所谓"应当存在的法"，法律科学的存在才是有可能的，也即将法理学变成自然科学意义上的科学。[1]于是，在法律哲学史上形成了分析法学流派。分析法学的实证精神以及将法学视为独立自主的学科主张，使法学在19世纪下半叶摆脱了伦理学、政治学和哲学的影响而真正成了一门学科。

问题在于，这种在剔除道德等其他领域的影响的基础上形成的法律科学在很大程度上可以说是一种观念上或理论上的法律科学，在相当程度上脱离了具体的法律实践，尤其是对于普通法而言，很难明确地找到奥斯丁所谓的"主权者的命令"，因为法律在很大程度上被掌握在法官和法院之中。

不过，以哈佛法学院院长兰德尔为代表的法律形式主义似

---

[1]　参见［英］约翰·奥斯丁：《法理学的范围》，刘星译，中国法制出版社2002年版。

乎要回答这个问题。他们相信,已经公布的成千上万的司法决定都是少量永存的、不变的、无可争议的法律原则的不完美体现。他们相信,法律推理的目的就是要透过这些决定直达这些完美的法律原则。他们把法律理解成一种归纳科学,认为上诉审的判决汇编就是原始材料,从中可以推导出普通法的规则,而一旦这些原则显露出来了,就可以演绎出某个案件的正确结果。因此,人们既可以用这些原则来展示赖以抽取这些原则的上诉审案例决定的外观是否有错,同时又可以用它们来指导新案件的决定。尽管这些原则是人定的,它们却可以最大限度地减少司法裁量权的适用空间。这就如同布莱克斯通的来源于上帝自然法的普通法设想一样,现在的只是来源于科学归纳的力量和时代的定论。[1]我们可以看到,法律形式主义这种逻辑与此前布莱克斯通的逻辑在形式上非常相似,不同的是将普通法的理性来源从上帝降到了科学和时代的定论。也正是因为这个形式上相似的原因,波斯纳将法律形式主义视为布莱克斯通的传人。[2]不过,这种理性来源于上帝还是人自身之间的区别实际上相当关键。因为在布莱克斯通那里,上帝的自然法或理性是与古老的历史紧密联系在一起的。从而,案件中的推理过程和一般原则才与历史紧密关联。而在法律形式主义这里,理性的来源转向了人自己以及科学归纳力量本身,于是在某种程度上就将案件推理过程与历史和经验剥离开了。倘若从这个角度而言,波斯纳将法律形式主义视为布莱克斯通的传人便又有些过于简单化了。

----

〔1〕 参见〔美〕理查德·A. 波斯纳:《法理学问题》,苏力译,中国政法大学出版社 2002 年版,第 18~19 页。

〔2〕 参见〔美〕理查德·A. 波斯纳:《法理学问题》,苏力译,中国政法大学出版社 2002 年版,第 20 页。

正是由于法律形式主义这种脱离历史和实践的倾向，霍姆斯在一篇短小的书评中对兰德尔进行了批评，并且为后人留下了一句被广为引用的名言"法律的生命不在于逻辑，而在于经验"。(The life of the law has not been logic：it has been experience.) 他认为，兰德尔像黑格尔一样，将法律推理中的一般原则视为先验的存在，而事实上，这些原则始终都是开放和变化着的，并且深深扎根于历史和人类需要的本性之中。他同时认为，作为人类学的法律，可以是科学的研究对象。立法理论也可以是科学的，但是倘若试图将现存普通法的具体制度整合成一个简单演绎推理体系则面临着不科学的危险。[1]由此可以看出，与柯克、布莱克斯通一样，霍姆斯同样认为法律的理性扎根于历史和经验。不过，他对普通法科学化的问题作出了明确的否定结论。也就是说，在布莱克斯通那里，整合成一个演绎推理体系是他致力于实现的目标，尽管他最终失败了；而在霍姆斯这里，他却根本没有这样的企图，甚至还明确否定了这样的可能。

此后卡多佐又进一步推进了霍姆斯的许多观点，并且越来越强调法官自身的能动性和责任。他并不相信先例和逻辑总是可以指引法官的行动："逻辑的指导力并不总是沿着独一无二且毫无障碍的道路发挥作用。一个原则或先例，当推到其逻辑极端时，也许会指向某个结论。而另一个原则或先例，遵循类似的逻辑，就可能会指向另一结论且具有同样的确定性。在这一冲突中，我们就必须在这两条道路间作出选择，选择这条或

---

〔1〕　See Justice Oliver Wendell Holmes (1880), "Book Notices：Langdell and Anson on Contract", *American Law Review*, 14, p. 234.

那条，或者是开出第三条路来，而这第三条路将或者是两种力量合力的结果，或者代表了两个极端之间的中间位置。"[1]实际上，卡多佐认为一方面应该尊重某种先例的确定性，[2]另一方面又不应过于迷信法律。他甚至认为法律科学处于某种悖论之中。

霍姆斯、卡多佐以及约翰·奇普曼·格雷和庞德等人，为兴盛于20世纪20年代和30年代的"现实主义法学"运动奠定了基础。[3]这一运动中最为激进的代表人物是弗兰克。他论证说，法律规则并非是美国法官判决的基础，因为司法判决是由情绪、直觉的预感、偏见、脾气以及其他非理性因素决定的。因此，人们关于法律规则的知识在预测某个特定法官所作的判决时几乎不能给他们提供什么帮助。从而，在作出一项特定的判决（裁决、命令或裁定）以前，没有人会知道在审理有关案件或有关特定情形、交易或事件时所适用的法律。所以，弗兰克最终得出结论，法院的判决是极为不确定的和很难预见的。[4]毋庸置疑，在弗兰克那里，法律科学是个神话。不过，尽管卡尔·卢埃林同样是现实主义法学的代表人物，但他在后期却为法律的确定性和可预测性进行了辩护，他在《普通法传统》中提出了保证上诉法院的14个稳定性因素，他甚至认为在具体的个案

---

〔1〕 参见 〔美〕本杰明·卡多佐：《司法过程的性质》，苏力译，商务印书馆1998年版，第22~23页。

〔2〕 参见 〔美〕本杰明·N.卡多佐：《法律的成长 法律科学的悖论》，董炯、彭冰译，中国法制出版社2002年版，第104~105页。

〔3〕 参见 〔美〕理查德·A.波斯纳：《法理学问题》，苏力译，中国政法大学出版社2002年版，第24~25页。

〔4〕 参见 〔美〕E.博登海默：《法理学：法律哲学与法律方法》，邓正来译，中国政法大学出版社1998年版，第153~154页。

层面也存在着相当大的可预测性。[1]

　　我们在前面对布莱克斯通与柯克理性概念进行比较的时候曾经指出，布莱克斯通认为柯克的"特殊主义"的理性概念的问题就在于无法应对未来的例外案件，由于无法找到可以类比的先例，从而可能陷入矛盾和混乱。于是，布莱克斯通才由此指出了一般原则的重要性。布莱克斯通认为，从历史中抽象出来的一般原则能够应对未来出现的例外案件。不过，德沃金的研究表明，实际上，当一个疑难案件出现的时候，很可能存在着不同的一般原则，而这些一般原则之间又可能是冲突着的。他以"埃尔默案"（Riggs v. Palmer）为例，指出在其中厄尔法官与格雷法官就诉诸了不同的法律一般原则。[2]于是，这样一来，不仅作为演绎推理的最终的自然法基本原则不能顺理成章地推演下去，而且作为具体案件的一般原则也遇到了难以克服的麻烦。案件必须得到裁决，但同时又面临着相互冲突的一般原则，这种情况在逻辑上就直接导出了法官裁量权问题。这里并非是在价值层面上是否应该给予法官裁量权的问题，而是在事实层面上不得不依靠法官裁量权的问题。于是，这时就一定需要法官在不同的一般原则和价值之间进行权衡。那么，这种裁量权是不是意味着法官有着充分的自由进行自由裁量呢？李猛在他的文章中对有关问题进行了出色的分析。他认为，普通法中法律判决的实质是对实践权利的技术的管理，并非是对权

────────────

　　〔1〕　参见〔美〕卡尔·N. 卢埃林：《普通法传统》，陈绪刚、史大晓、仝宗锦译，中国政法大学出版社 2002 年版。
　　〔2〕　参见〔美〕德沃金：《法律帝国》，李常青译，中国大百科全书出版社1996 年版，第 14~19 页。

利本身的管理。[1]于是，这种程序性的约束使得法官的种种判决都具有了某种"一贯性"或确定性。不过，倘若仔细分析，事实上这种一贯性和确定性已经在很大程度上与布莱克斯通"科学体系"的意义并不相同了。

通过上面对法律思想史的讨论我们可以发现，无论在布莱克斯通那里，还是在此后这些普通法法律学家那里，普通法是否能够科学化，是否具有确定性都是他们关心的中心问题。事实上，这个问题同时也是整个法学的基本问题。拉仑兹认为，现代法学方法的基本课题即在于寻找使价值判断客观化的方法。这就意味着，普通法乃至更为一般的法学总是徘徊在科学与非科学、确定性与不确定性、客观性与主观性之间。法学一方面在追寻着某种确定性，但另一方面又永远无法达到此目标。

然而，自然科学意义上的科学难道就具有无可置疑的普遍性和确定性吗？以最能体现自然科学特点的数学为例，数学家们在决定什么是真正的数学，以及在进行新的数学创造时，应当以什么作为基础，其困惑同样与日俱增。甚至，历史上也时有"数学是否是一门科学"的疑问。

数学在相当长的一段时间里被认为是与上帝联系在一起的。甚至，自然就是上帝的数学设计。数学支配一切，18 世纪最伟大的智者对此深信不疑。威廉·詹姆士（William James）在《实用主义》一书中描述了这个时期各个学科对于数学和其他自然科学的某种共同态度："现代哲学中研究得最有成绩的一个部

---

〔1〕 参见李猛：《除魔的世界与禁欲者的守护神：韦伯社会理论中的"英国法"问题》，载李猛编：《韦伯：法律与价值》，上海人民出版社 2001 年版，第182 页。

分就是所谓归纳逻辑，这是研究在什么条件下我们的科学得以
进展的学问。归纳逻辑的作者们，对于数学家、物理学家、化
学家所制定的自然定律和各种事实原理，已经开始表现出一致
的看法。人们发现数学、逻辑学和自然科学的最初表现的各种
一致性，即第一批定律时，被它们所带来的那种明确、优美和
简单性迷住了，因而相信自己已经真正认识了上帝的永恒思想。
上帝的心，也在三段论里明确地反映出来了。上帝也用圆锥截
面，方根或比率来思想，并且也像欧几里德一样按几何学原理
进行工作了。上帝创造出开普勒定律使行星照着运转；使下坠
物体速率的增加和时间成反比例；做出正弦律来让折光遵守；
把动植物分为纲、目、科、属，并且确定它们之间远近关系。
上帝想出各种事物的模型，并且规定出它们的标准。在我们重
新发现了任何一种他的神奇的规定的时候，我们就可以琢磨到
他心中的真正意向了。"[1]

　　但是这种自然是上帝的数学设计的信条一步步地被削弱。
随着培根倡议用经验和试验作为所有知识的基础，以及一些无
神论者数学家的质疑，学者们越来越多地相信，人的推理是最
有力的工具和最好的证明。但是，这种信仰的衰退不久就产生
了这样一个问题，即为什么自然的数学法则一定是真理呢？最
终，休谟回答了"人怎样获得真理"这一基本问题——他否认
了外部世界遵循固定的数学定律这一信条，同时也贬低了代表
实在的逻辑推理结构的价值。他认为，真理是不存在的，人不
可能获得真理。休谟的工作不仅贬低了在科学和数学中付出的

─────────

〔1〕　参见［美］威廉·詹姆士：《实用主义——一些旧思想方法的新名称》，
陈羽纶、孙瑞禾译，商务印书馆1979年版，第31~32页。

努力和得到的结果，还对推理本身的价值提出了质疑。休谟说一切科学都同人性有关系。[1]对于大多数 18 世纪的思想家来说，这样一种对人类最高智慧的否认是大逆不道的，因此遭到了驳斥。

康德则认为的确存在一些先验的综合知识，纯粹数学和纯粹物理学是真实而且先天存在的，二者都包含一些被广泛承认、绝对肯定的命题，而且独立于经验。[2]不过，康德又紧接着追问，我们为什么觉得它们是真理呢，或者为什么数学确实是一门科学呢？他的回答是：因为心灵具有时空的形式，因为它在本性上必须通过时空而知觉和想象，所以我们在数学中有真正的知识或先验的综合判断，或不证自明的真理。[3]不过，康德在对"怀疑论者"休谟进行驳斥的过程中，实际上说明了我们不能超越经验，或者拥有关于超感性的东西、关于自在之物、关于脱离其影响意识的方式而本然的事物的先验的知识。也就是说："我不能如实地认识事物本身，只能认识事物呈现给我的情况。同样，我不能认识我自己的真实面貌，只能认识我自己表现出来的情况。"[4]于是，康德将所谓的科学真理与人自身的理性能力联系了起来。

克莱因教授在他的一本著作中揭示了数学确定性丧失的历

---

〔1〕 参见［美］梯利：《西方哲学史》，葛力译，商务印书馆 2000 年版，第384 页。

〔2〕 参见［美］梯利：《西方哲学史》，葛力译，商务印书馆 2000 年版，第438 页。

〔3〕 参见［美］梯利：《西方哲学史》，葛力译，商务印书馆 2000 年版，第440 页。

〔4〕 参见［美］梯利：《西方哲学史》，葛力译，商务印书馆 2000 年版，第446~447 页。

史发展过程。[1]他的叙述表明，数学的发展过程同时也是数学确定性丧失的过程，甚至数学家们在什么是数学的问题上都无法达成共识，逻辑主义、直觉主义、形式主义和集合论公理化主义都可以被合适地作为数学。其中，逻辑主义者、形式主义者和集合论公理主义者都依赖于公理化的基础，在 20 世纪的头几十年中，这种基础被视为建立数学可以选用的基础。[2]但是哥德尔的不完备性定理表明，不仅仅是数学的全部，甚至任何一个系统都不可能用类似哥德尔使用的能算术化的数学和逻辑公理系统加以概括。因为任何这样的公理系统都是不完备的。存在着有意义的陈述从属于这些系统，却不能在系统内部得到证明。然而，非形式的论证可以证明其正确性。这个结论，即公理化的能力具有局限性，与 19 世纪末的观点形成了尖锐的对比。那时人们认为数学与公理化了的各分支的总和具有相同的广度。所以，哥德尔的结论是对内涵公理化一个致命的打击。公理化方法的这个缺陷是惊人的。因为数学家，尤其是形式主义者，原本期望任何一个真命题都会在某个公理系统的框架内确立起来。因此，当布劳维弄清楚了直觉上明确的东西不及经典数学上证明的东西多时，哥德尔却证明了直觉的可靠超出了数学的证明。同时，哥德尔关于相容性的结论表明，我们使用任何数学方法都不可能借助安全的逻辑原理证实相容性，已提出的各种方法概莫能外。于是，数学结果的绝对确定性也就随

---

[1] 参见［美］M. 克莱因：《数学：确定性的丧失》，李宏魁译，湖南科学技术出版社 2001 年版。

[2] 参见［美］M. 克莱因：《数学：确定性的丧失》，李宏魁译，湖南科学技术出版社 2001 年版，第 318 页。

之丧失了。[1]

关于这种数学乃至其他科学的不确定性，波普尔甚至断言，数学推理永远不能证实，而只能证伪，数学理论不能以任何方式加以保证。他认为，知识（特别是科学知识），是通过未经证明的（和不可证明的）预言，通过猜测，通过对我们问题的尝试性解决，通过猜想而进步的。科学的合理性在于它们的批判性和不断进步性。而我们的一切知识都只能通过纠正我们的错误而增长。[2]

克莱因教授总结道，我们现在被迫接受这样一个事实：没有所谓的绝对证明或者普遍接受的证明。我们必须认识到绝对的证明只是个目标而不是现实，一个我们所追求但很可能永远都达不到的目标，它可能只不过是一个一直为人们所追寻却又永远捉摸不定的幽灵。而数学在发展过程中似乎走了一个大轮回，这门学科从直觉和经验的基础上开始发展，后来证明成了希腊人的目标，直到19世纪才又幸运地回到了出发点。追求极端严密性的努力把数学引入了死胡同，就像一只狗追逐自己的尾巴一样，逻辑打败了它自己。[3]

我们可以看到，数学乃至其他自然科学同法学的命运一样，也经历了理性从上帝转向人自身，以及从信仰公理化的逻辑转向同时也重视经验和直觉这样的过程，而数学的发展动力、过

〔1〕 参见［美］M. 克莱因：《数学：确定性的丧失》，李宏魁译，湖南科学技术出版社2001年版，第266~269页。

〔2〕 参见［英］卡尔·波普尔：《猜想与反驳——科学知识的增长》，傅季重等译，上海译文出版社1986年版，序言第1~4页。

〔3〕 参见［美］M. 克莱因：《数学：确定性的丧失》，李宏魁译，湖南科学技术出版社2001年版，第328页。

程也处于科学与非科学、确定性与不确定性之间。因而，从某种意义上而言，布莱克斯通的所面临的问题和理论体系的内在矛盾，以及其他法律学家的问题，并非个体或者单一学科所面临的问题，而是人类知识甚或人类命运所面临的一般状况和共同处境。

这种命定的处境或许会让我们联想到西西弗的神话：西西弗受诸神的惩罚把巨石推上山顶，而石头由于自身的重量又从山上滚下山去，西西弗又走上山去，重新把石头推上山顶。诸神认为再也没有比进行这种无效无望的劳动更加严厉的惩罚了。但是，西西弗坚定地走向不知尽头的磨难，他意识到自己命运的荒谬，他的努力不复停歇，他知道他是自己的命运的主人，他永远前进。[1]难道，西西弗的命运也是法学乃至人类知识的命运吗？我们试图抓住某种确定性，却发现这根本并非确定性，而即便我们认识到了这一点，也仍然会去不停地追寻某种确定性。

或许一切都没有答案。我们面对着无法预知的未来，或许还面对着无情的诸神和上帝。我们所拥有的，似乎只有自己的理性或理智。

然而，或许我们也该记住帕斯卡尔一句箴言："两种过分：排斥理智，仅仅承认理智。"[2]

---

〔1〕 参见 ［法］加缪：《西西弗的神话：论荒谬》，杜小真译，生活·读书·新知三联书店1998年版，第140页以下。

〔2〕 参见 ［法］帕斯卡尔：《思想录》，何兆武译，商务印书馆1985年版，第122页。

附 录
查士丁尼《法学阶梯》篇章结构[1]

❧❧❧

序言

第一卷

第一篇 正义和法律

第二篇 自然法、万民法和市民法

第三篇 关于人的法律

第四篇 生来自由人

第五篇 被释自由人

第六篇 哪些人和由于哪些原因不得释放奴隶

第七篇 福费·加尼尼法的废止

第八篇 受自己权力支配和受他人权力支配的人

第九篇 家长权

第十篇 婚姻

第十一篇 收养

第十二篇 关于家长权的权利消灭的方式

---

〔1〕 参见［罗马］查士丁尼：《法学总论——法学阶梯》，张企泰译，商务印书馆 1989 年版，目录。

第三篇　亚奎里法

第四篇　侵害行为

第五篇　准侵权行为所产生的债务

第六篇　诉权

第七篇　处在他人权力下的人所缔结的契约

第八篇　交出加害人之诉

第九篇　四脚动物造成的侵害

第十篇　有权起诉的人

第十一篇　诉讼担保

第十二篇　永久性的和有时间性的诉权以及对继承人行使或由继承人继承的诉权

第十三篇　抗辩

第十四篇　答辩

第十五篇　特别命令

第十六篇　对健讼者的罚则

第十七篇　审判员的职权

第十八篇　公诉

参考文献

英文部分：

1. Richard L. Abel, *American Lawyers*, Oxford University Press, 1992.

2. Albert W. Alschuler, "Rediscovering Blackstone", 145 *Univ. of Pennsylvania. Law Rev.* 1.

3. J. H. Baker, *An Introduction to English Legal History*, Fourth edition, Butterworths, 2002.

4. Simeon E. Baldwin, "The Study of Elementary Law, The Proper Beginning of a Legal Education", *The Yale Law Journal*, 1903, 13.

5. *Black's Law Dictionary*, Seventh Edition, West Group, 1999.

6. Sir William Blackstone, *Commentaries on the Laws of England, with Notes Selected from the Editions of Archbold, Christian, Coleridge, Chitty, Stewart, Kerr, and others, Barron Field's Analysis, and Additional Notes and a Life of the Author by George Sharswood.* , Philadelphia: J. B. Lippincott Company, 1859.

7. Daniel. J. Boorstin, *The Mysterious Science of The Law: an Essay on Blackstone's Commentaries Showing how Blackstone, Employing Eighteenth-century Ideas of Science, Religion, History, Aesthetics, and Philosophy, Made of the Law at Once a Conservative and a Mysterious Science*, The University of Chi-

cago Press, 1996.

8. *Bracton on the Laws and Customs of England*, Translated, with Revisions and Notes, by Samuel E. Thorne, *Published in Association with The Selden Society*, The Belknap Press of Harvard University Press.

9. J. Cannon, *Aristocratic Century: The Peerage of Eighteenth-Century England*, Cambridge, 1984.

10. Douglas H. Cook, "Christian Legal Foundations Essay: Sir William Blackstone: A Life and Legacy Set Apart for God's Work, 13, *Regent Univ. Law Rev.*, 169.

11. Richard A. Cosgrove, *Scholars of the Law: English Jurisprudence from Blackstone to Hart*, New York University Press, 1996.

12. Rupert Cross, "Blackstone v. Bentham", *The Law Quarterly Review*, 92, (1976).

13. J. M. Finnis, "Blackstone's Theoretical Intentions", *Natural Law Forum*, XII (1967).

14. H. L. A. Hart, "Blackstone's Use of the Law of Nature", *Butterworth's South African Law Review* (1956).

15. W. S. Holdsworth, *A History of English Law*, Vol. II, Methuen & Co. Ltd, 1923.

16. W. S. Holdsworth, *A history of English law*, Vol. XII, London : Sweet and Maxwell, 1938.

17. Donald Kelley, *The Human Measure—Social Thought in the Western Legal Tradition*, Harvard University Press, 1900.

18. Kennedy, "The Structure of Blackstone's Commentaries, 28 *Buffalo Law Review*, 1979.

19. David Lemmings, "Blackstone and Law Reform by Education: Preparation for the Bar and Lawyerly Culture in Eighteenth-century England", *Law and History Review*, Summer, 1998.

20. Michael Lobban, "Blackstone and the Science of Law", *The Historical Jour-*

nal, 30, 2（1987）.

21. P. Lucas, "Blackstone and the Reform of the Legal Profession", *English Historical Review* 27,（1962）.

22. Frederic W. Maitland and Francis C. Montague, *A Sketch of English Legal History*, G. P. Putnam's Sons, 1915.

23. S. F. C. Milsom, "The Nature of Blackstone's Achievement", *Studies in the History of the Common Law*, The hambledon Press, 1985.

24. Theodore F. T. Plucknett, *A Concise History of the Common Law*, third edition, London：Butterworth & Co.（Publishers）Ltd. 1940.

25. Sir Frederick Pollock & Frederic William Maitland, *The History of English Law——Before the Time of Edward I*, Cambridge University Press, 1923.

26. Gerald J. Postema, *Bentham and Common Law Tradition*, Oxford：Clarendon Press, 1986.

27. H. J. Rinck, "Blackstone and the Law of Nature", *Ratio*, Ⅱ（1960）.

28. Wilfrid R. Prest, *The Rise of the Barristers——A Social History of the English Bar* 1590-1640, Clarendon Press, 1986.

29. Alan Watson, "The Structure of Blackstone's Commentaries", *The Yale Law Journal*, Vol. 97, 1987.

30. 牛津大学简史：http：//www. ox. ac. uk/aboutoxford/history. shtml.

31. 剑桥大学简史：http：//www. cam. ac. uk/cambuniv/pubs/history/index. html.

中文部分：

1. ［美］阿尔钦：《产权：一个经典注释》，载［美］R. 科斯等：《财产权利与制度变迁——产权学派与新制度学派译文集》，上海三联书店、上海人民出版社 1994 年版。

2. ［美］H. W. 埃尔曼：《比较法律文化》，贺卫方、高鸿钧译，清华大学出版社 2002 年版。

3. 白雪峰：《论美国法形成的历史轨迹》，载《史学月刊》2001 年第 3 期。

4. ［德］瓦尔特·本雅明：《机械复制时代的艺术作品》，王才勇译，中国城市出版社 2002 年版。

5. 毕竞悦：《英美法研究汉语文献》，载北大法律信息网：www.chinalawinfo.com，最后访问日期：2024 年 10 月 19 日。

6. ［英］边沁：《政府片论》，沈叔平等译，商务印书馆 1995 年版。

7. ［英］边沁：《道德与立法原理导论》，时殷弘译，商务印书馆 2000 年版。

8. ［美］E. 博登海默：《法理学：法律哲学与法律方法》，邓正来译，中国政法大学出版社 1998 年版。

9. ［美］伯尔曼：《法律与革命——西方法律传统的形成》，贺卫方等译，中国大百科全书出版社 1993 年版。

10. ［英］埃德蒙·柏克：《美洲三书》，缪哲选译，商务印书馆 2003 年版。

11. ［英］迈克尔·波兰尼：《个人知识——迈向后批判哲学》，许泽民译，陈维政校，贵州人民出版社 2000 年版。

12. ［英］卡尔·波普尔：《猜想与反驳——科学知识的增长》，傅季重等译，上海译文出版社 1986 年版。

13. ［美］理查德·A. 波斯纳：《正义/司法的经济学》，苏力译，中国政法大学出版社 2002 年版。

14. ［美］理查德·A. 波斯纳：《法理学问题》，苏力译，中国政法大学出版社 2002 年版。

15. ［法］费尔南·布罗代尔：《长时段：历史和社会科学》，载《资本主义论丛》，顾良、张惠君译，中央编译出版社 1997 年版。

16. ［德］K. 茨威格特、H. 克茨：《比较法总论》，潘汉典等译，潘汉典校订，贵州人民出版社 1992 年版。

17. 程汉大主编：《英国法制史》，齐鲁书社 2001 年版。

18. ［美］Clark Kerr：《大学的功用》，陈学飞等译，江西教育出版社 1993

年版。

19. ［日］大木雅夫：《比较法》，范愉译，法律出版社 1999 年版。

20. ［法］勒内·达维德：《当代主要法律体系》，漆竹生译，上海译文出版社 1984 年版。

21. ［英］戴雪：《英宪精义》，雷宾南译，中国法制出版社 2001 年版。

22. ［英］丹宁勋爵：《法律的未来》，刘庸安、张文镇译，法律出版社 1999 年版。

23. ［美］R. 德沃金：《法律帝国》，李常青译，中国大百科全书出版社 1996 年版。

24. ［日］高柳贤三：《英美法源理论》，杨磊、黎晓译，林向荣校，西南政法学院法制史教研室、科研处编译室 1983 年版。

25. ［美］格伦顿、戈壁、奥萨魁：《比较法律传统》，米健、贺卫方、高鸿钧译，中国政法大学出版社 1993 年版。

26. ［美］乔治·皮博迪古奇：《十九世纪历史学与历史学家》（下册），耿淡如译，商务印书馆 1998 年版。

27. ［德］哈贝马斯：《公共领域的结构转型》，曹卫东等译，学林出版社 1999 年版。

28. ［英］弗里德利希·冯·哈耶克：《自由秩序原理》，邓正来译，生活·读书·新知三联书店 1997 年版。

29. ［英］弗里德利希·冯·哈耶克：《法律、立法与自由》，邓正来、张守东、李静冰译，中国大百科全书出版社 2000 年版。

30. 何勤华：《布莱克斯通与英美法律文化近代化》，载《法律科学（西北政法大学学报）》1996 年第 6 期。

31. 何勤华：《西方法学史》（第 2 版），中国政法大学出版社 1996 年版。

32. 何勤华主编：《英国法律发达史》，法律出版社 1999 年版。

33. 贺卫方：《建构法治中国需要开放心态》，载《新闻周刊》2003 年第 28 期。

34. 贺卫方编：《中国法律教育之路》，中国政法大学出版社 1997 年版。

35. 贺卫方：《法律学是一门科学吗》，载贺卫方：《法边馀墨》，法律出版社 1998 年版。

36. ［美］威廉·詹姆士：《实用主义———一些旧思想方法的新名称》，陈羽纶、孙瑞禾译，商务印书馆 1979 年版。

37. ［英］W. Ivor. 詹宁斯：《法与宪法》，龚祥瑞、侯健译，生活·读书·新知三联书店 1997 年版。

38. ［英］爱德华·吉本：《吉本自传》，戴子钦译，生活·读书·新知三联书店 2002 年版。

39. ［法］阿尔贝·加缪：《西西弗的神话：论荒谬》，杜小真译，生活·读书·新知三联书店 1998 年版。

40. ［意］伊卡洛·卡尔维诺：《为什么读经典》，黄灿然、李桂蜜译，译林出版社 2006 年版。

41. ［美］本杰明·卡多佐：《司法过程的性质》，苏力译，商务印书馆 1998 年版。

42. ［美］本杰明·N. 卡多佐：《法律的成长 法律科学的悖论》，董炯、彭冰译，中国法制出版社 2002 年版。

43. ［比］R. C. 范·卡内冈：《英国普通法的诞生》（第 2 版），李红海译，中国政法大学出版社 2003 年版。

44. ［美］爱德华·S. 考文：《美国宪法的"高级法"背景》，强世功译，生活·读书·新知三联书店 1996 年版。

45. ［美］M. 克莱因：《数学：确定性的丧失》，李宏魁译，湖南科学技术出版社 2001 年版。

46. ［美］刘易斯·科塞：《理念人———一项社会学的考察》，郭方等译，中央编译出版社 2001 年版。

47. ［德］H. 科殷：《法哲学》，林荣远译，华夏出版社 2003 年版。

48. ［美］阿瑟·库恩：《英美法原理》，陈朝璧译注，法律出版社 2002 年版。

49. ［美］菲利普·李·拉尔夫等：《世界文明史》（上卷），赵丰等译，商务印书馆 1999 年版。

50. ［法］雅克·勒戈夫：《中世纪的知识分子》，张弘译，卫茂平校，商务印书馆 1996 年版。

51. 李红海：《普通法的历史解读——从梅特兰开始》，清华大学出版社 2003 年版。

52. 李猛：《除魔的世界与禁欲者的守护神：韦伯社会理论中的"英国法"问题》，载李猛主编：《韦伯：法律与价值》，上海人民出版社 2001 年版。

53. 梁慧星：《民法解释学》，中国政法大学出版社 1995 年版。

54. 梁小民：《重要的还是学习》，载《读书》1995 年第 4 期。

55. 刘星：《法律科学？——一个内部立场的疑问和重述》，载中国私法网：http：//www.privatelaw.com.cn/Web_ P/N_ Show/？PID = 1996，最后访问日期：2024 年 10 月 19 日。

56. ［美］卡尔·N.卢埃林：《普通法传统》，陈绪刚、史大晓、全宗锦译，中国政法大学出版社 2002 年版。

57. ［英］马丁·洛克林：《公法与政治理论》，郑戈译，商务印书馆 2003 年版。

58. ［法］孟德斯鸠：《论法的精神》，张雁深译，商务印书馆 1987 年版。

59. ［英］S.F.C.密尔松：《普通法的历史基础》，李显冬等译，中国大百科全书出版社 1999 年版。

60. ［英］巴里·尼古拉斯：《罗马法概论》（第 2 版），黄风译，法律出版社 2005 年版。

61. ［德］乌尔弗里德·诺伊曼：《法学的科学理论》，载［德］阿图尔·考夫曼、温弗里德·哈斯默尔主编：《当代法哲学和法律理论导论》，郑永流译，法律出版社 2002 年版。

62. ［法］帕斯卡尔：《思想录》，何兆武译，商务印书馆 1985 年版。

63. ［美］罗斯科·庞德：《普通法的精神》，唐前宏、廖湘文、高雪原译，法律出版社 2001 年版。

64. ［意］彼德罗·彭梵得:《罗马法教科书》（2005 年修订版），黄风译，中国政法大学出版社 2005 年版。

65. ［印］阿马蒂亚·森:《贫困与饥荒》，王宇、王文玉译，商务印书馆 2001 版。

66. 沈宗灵:《现代西方法理学》，北京大学出版社 1992 年版。

67. ［美］列奥·施特劳斯、约瑟夫·克罗波西主编:《政治哲学史》，李天然等译，河北人民出版社 1993 年版。

68. ［美］伯纳德·施瓦茨:《美国法律史》，王军等译，中国政法大学出版社 1997 年版。

69. ［美］罗伯特·斯蒂文斯:《法学院:19 世纪 50 年代到 20 世纪 80 年代的美国法学教育》，阎亚林、李新成、付欣译，贺卫方校，中国政法大学出版社 2003 年版。

70. ［英］C. P. 斯诺:《两种文化》，纪树立译，生活·读书·新知三联书店 1994 年版。

71. 苏力:《解释的难题:对几种法律文本解释方法的追问》，载《中国社会科学》1997 年第 4 期。

72. 宋冰编:《读本:美国与德国的司法制度及司法程序》，中国政法大学出版社 1998 年版。

73. 孙歌:《作为方法的日本》，载《读书》1995 年第 3 期。

74. ［美］梯利:《西方哲学史》，葛力译，商务印书馆 2000 年版。

75. ［法］爱弥尔·涂尔干:《教育思想的演进》，李康译，渠东校，上海人民出版社 2006 年版。

76. ［法］托克威尔:《论美国的民主》，董果良译，商务印书馆 1998 年版。

77. ［葡］叶士朋:《欧洲法学史导论》，吕平义、苏健译，中国政法大学出版社 1998 年版。

78. 由嵘主编:《外国法制史》，北京大学出版社 2002 年版。

79. ［德］马克斯·韦伯:《论经济与社会中的法律》，张乃根译，中国大百科全书出版社 1998 年版。

80. ［英］M. J. C. 维尔：《宪政与分权》，苏力译，生活·读书·新知三联书店 1997 年版。

81. ［英］R. J. 沃克：《英国法渊源》，夏勇、夏道虎译，西南政法学院法制史教研室、科研处编译室 1984 年版。

82. ［英］戴维·M. 沃克：《牛津法律大辞典》，北京社会与科技发展研究所组织翻译，光明日报出版社 1988 年版。

83. ［美］艾伦·沃森：《民法法系的演变及形成》，李静冰、姚新华译，中国政法大学出版社 1992 年版。

84. ［美］肯尼思·W. 汤普森主编：《宪法的政治理论》，张志铭译，生活·读书·新知三联书店 1997 年版。

85. 许章润、徐平：《法律：理性与历史——澳大利亚的理念、制度和实践》，中国法制出版社 2001 年版。

86. 薛波主编：《元照英美法词典》，法律出版社 2003 年版。

87. 薛军：《优士丁尼法典编纂中"法典"的概念》，载徐国栋主编：《罗马法与现代民法》（第 2 卷·2001 号），中国法制出版社 2001 年版。

88. 阎照祥：《英国贵族史》，人民出版社 2000 年版。

89. ［罗马］查士丁尼：《法学总论——法学阶梯》，张企泰译，商务印书馆 1989 年版。

90. ［古罗马］优士丁尼：《法学阶梯》，徐国栋译，中国政法大学出版社 1999 年版。

91. 张彩凤：《英国法治研究》，中国人民公安大学出版社 2001 年版。

92. 郑戈：《法学是一门社会科学吗？——试论"法律科学"的属性及其研究方法》，载《北大法律评论》1998 年第 1 期。

93. 郑戈：《如何阅读〈普通法〉》，载中国民商法律网：http://www.civil-law.com.cn/bo/t/？id=30260，最后访问日期：2024 年 10 月 16 日。

94. 朱景文：《对西方法律传统的挑战——美国批判法律研究运动》，中国检察出版社 1996 年版。

后 记

　　这本书大致上是在我的博士论文基础上修订而成的。若非考核压力，我可能不会想到将年轻时的粗浅文字付梓出版。我安慰自己，二十多年来，国内似乎尚未看到布莱克斯通的研究专著，所以这本书可能不至毫无价值。我虽已届知天命之年，但却未至从心所欲不逾矩之岁，出书就当拉磨撞钟，墨守成规。

　　其实，写学位论文本身也是墨守成规，只是那时候甚至以为拿到博士学位就可以自由了。事实上，那才哪儿到哪儿啊。"即今倏忽已五十"，才知人生难自由。

　　但我始终怀念二十多岁时误以为人生而自由、人可以挣脱枷锁的某种青春乐观气息。如梦幻泡影，但却如露如电般动人。甚至当我重温之前的论文后记时，仿佛也能涌起 yesterday once more 的某种复杂情绪。下边我摘录几段，不是因为它们写得好，而是因为带着过去的气息。古老的才是美好的，怀旧的心理似乎也暗合普通法的精神。如果读者朋友们竟然因此原谅我把年轻时的肤浅带到现在的他们面前，我就感激不尽了。

　　在写作这篇论文的过程中，我的脑海中时常想象着年轻的布莱克斯通在古老的牛津大学开设英国法讲座的情景。我仿佛能够理解他的迷惘和困难，并感受着他的理想和激情。我相信，我从他那里获益的，绝非仅仅限于具体的知识方面。

这篇论文是关于布莱克斯通及其《释义》的一个初步研究，在材料、论证等不少方面并不能令人感到满意。这些问题固然在相当程度上与国内相关资料匮乏的现状有关，然而我想首先应该检讨的依然是自己。无论如何，"求诸于己"或许总是最有意义的。我希望将来能够有机会对研究主题继续进行思考和完善。

完成这篇论文，差不多就意味着行将告别北大乃至整个学生生活了。而离别常常会伴随着对人和事的回忆，一个回忆每每会唤起千百个回忆。如果说，真正严肃的哲学问题只是死亡，只是人们在判断生活是否值得经历，那么这些温暖的回忆和怀恋便是支撑我们"向死而生"的最重要的动力。也正是在这个意义上，我们每个人的生命和成长的点点滴滴都无法离开许多人的恩情和馈赠。

上边是我 2004 年 4 月 11 日时写的几段论文后记。我当时说，希望将来能够有机会对研究主题继续进行思考和完善。但实际上，我当时以为的未来机会亦是青春的乐观错觉。后来即便有时间，也已找不到早先的写作冲动。人生只有一次，说的不仅仅是作为整体的人生，也包括每个瞬间，每段心情。

那时博士论文能够完成乃至此后工作、生活的点滴进步，都离不开我的导师贺老师的关心帮助。他的贡献和际遇，甚至他对我的恩情我都难以在这里尽述。唯愿他健健康康，开开心心。

　　我也要感谢很多难以一一提及名字的师长和朋友们。年岁渐长，越来越觉得人和人之间的情谊是多么重要。本书能够出版，需要特别感谢中国政法大学出版社丁春晖先生的美意和编辑的辛劳。

　　我还想借此机会感谢我的爱人和孩子们，他们是我心甘情愿拉磨撞钟的生活动力。当然，从博士毕业至今，最大的变化还是双亲均已不在。父母在，不远游。父母不在，又当如何？

　　就这样飘来飘去，来了又去。人生就是如此这般罢。是为知天命。

仝宗锦

2025 年 8 月 15 日